Ouvertures psychologiques

réparer l'examen

# Abrégé de psychologie cognitive

Patrick **Lemaire**

de boeck

Pour toute information sur notre fonds et les nouveautés dans votre domaine de spécialisation, consultez notre site web: **www.deboeck.com**



1re édition

Éditions De Boeck Université

Rue des Minimes 39, B-1000 Bruxelles



Imprimé en Belgique

Dépôt légal:

Bibliothèque Nationale, Paris: juin 2006

ISSN 1782-8538

Bibliothèque royale de Belgique, Bruxelles: 2006/0074/244

ISBN 2-8041-5218-9

ISBN13 978-2-8041-5218-5

# CHAPITRE 1

# La psychologie cognitive: son objet, ses méthodes et mesures, ses théories


**SOMMAIRE**

1. Objet de la psychologie cognitive
2. Méthodes en psychologie cognitive
3. Mesures en psychologie cognitive
4. Théories en psychologie cognitive

# 1. OBJET DE LA PSYCHOLOGIE COGNITIVE

***Psychologie Cognitive.*** La psychologie cognitive est une sous-discipline de la psychologie qui cherche à comprendre les processus cognitifs (ou mécanismes ou opérations mentales) nécessaires pour réaliser de nombreuses activités intellectuelles comme la perception, la mémoire, le raisonnement, la résolution de problèmes, la prise de décision ou encore la compréhension et la production du langage. Sa forme contemporaine est née dans les années 1950, après une histoire relativement courte (une centaine d'années). Cette histoire a été traversée par différents courants théoriques (comme l'associationnisme, le structuralisme, le behaviorisme et le fonctionnalisme) dont la psychologie cognitive est une synthèse et un dépassement.

***Sciences Cognitives.*** La psychologie cognitive fait partie des sciences cognitives. Les sciences cognitives rassemblent les disciplines qui cherchent à comprendre la structure et le fonctionnement de l'esprit. Plus généralement, elles visent à comprendre comment un système naturel (cerveau) ou artificiel (robot) acquiert des informations sur le monde, représente et transforme ces informations en connaissances et utilisent ces connaissances pour guider son attention et ses comportements. Les sciences cognitives rassemblent les contributions de différentes disciplines comme la psychologie, la philosophie, l'informatique, l'anthropologie, la linguistique et les neurosciences.

# 2. MÉTHODES EN PSYCHOLOGIE COGNITIVE

## 2.1 Approche scientifique

Pour comprendre la cognition, les psychologues conduisent des études qui se déroulent la plupart du temps en laboratoire. Ces études sont réalisées en suivant les principes de la méthode scientifique. En science, les chercheurs adoptent le postulat selon lequel toute croyance peut être fausse. Aussi, tant qu'une croyance n'a pas été testée, elle peut être vue au mieux comme une hypothèse ou une conjecture, c'est-à-dire une conception plus ou moins sophistiquée et plus ou moins fondée, et non une vérité établie. Si une hypothèse a été testée et, qu'à maintes reprises, les données ne sont pas en accord avec les prédictions dérivées de cette hypothèse, alors elle est abandonnée au profit d'une meilleure hypothèse.

L'approche scientifique d'une question se caractérise par quatre étapes :

- *Etape 1* : Choisir, formuler et poser une question de recherche.
- *Etape 2* : Formuler une (ou plusieurs) hypothèse(s) relative(s) à cette question.
- *Etape 3* : Conduire une étude empirique pour tester cette (ces) hypothèse(s).
- *Etape 4* : Répondre à la question de recherche à la lumière des données recueillies.

## 2.2 Méthodes d'observation en psychologie cognitive

Dans les études empiriques qu'ils conduisent, les psychologues cognitivistes utilisent des méthodes d'observation naturelle et la méthode expérimentale.

***Méthodes d'observation naturelle.*** L'observation naturelle consiste à observer et enregistrer certains aspects du comportement et de l'environnement. Par exemple, le psychologue intéressé par la prise de décision chez les consommateurs peut observer dans un supermarché comment les gens choisissent une marque d'un produit plutôt qu'une autre. Cette méthode a l'avantage de collecter des informations très riches. Elle a l'inconvénient de ne pas permettre au psychologue de déterminer rigoureusement les causes du comportement qu'il étudie. En effet, le comportement observé est déterminé par de nombreux facteurs dont il est difficile de connaître la part dans le comportement. Par exemple, le consommateur en question choisira-t-il telle marque à cause du prix, de la situation dans le rayon, de la couleur de la boîte d'emballage, de son humeur, etc ? Dans la mesure où l'observation naturelle ne peut contrôler les différents déterminants d'un comportement, elle ne permet pas de comprendre par quels mécanismes survient un comportement (ou une performance cognitive, dans le cas de la cognition).

***Méthode expérimentale.*** Pour déterminer la ou les causes du comportement, le psychologue conduit, chaque fois que possible, une ou plusieurs expérimentations en laboratoire. Dans une expérience, le chercheur manipule, mesure et contrôle des variables. La variable qu'il manipule s'appelle une variable indépendante (ou facteur) ; elle définit les conditions de l'expérience. La variable mesurée, ou l'indicateur du comportement, s'appelle la variable dépendante. Et la variable qu'il contrôle s'appelle une variable contrôlée. Le psychologue cherche à comprendre le lien entre les variables indépendantes manipulées et la ou les variables dépendantes mesurées, toutes choses égales par ailleurs.

***Exemple d'expérimentation.*** Un psychologue intéressé par les facteurs affectant la mémoire peut être amené à déterminer si le fait de fabriquer des images mentales avec le matériel à mémoriser améliore les performances mnésiques. Il peut conduire une expérience dans laquelle il teste deux groupes de participants à qui il demande de mémoriser, par exemple, une liste de 24 mots. A un groupe, le psychologue demande de fabriquer des images mentales avec les mots à mémoriser. Il ne le demande pas à l'autre groupe. Les mots sont exactement les mêmes dans les deux groupes, présentés exactement à la même vitesse (e.g., 1 mot/seconde). Après la phase de mémorisation, le psychologue demande aux participants de restituer le plus de mots possibles et note le nombre de mots correctement rappelés. Il examine alors si la variable indépendante (fabrication d'images mentales) a un effet sur la variable dépendante (nombre de mots correctement rappelés), toutes choses égales par ailleurs. Si tel est le cas, il peut assurément conclure que la fabrication d'images mentales est responsable de la meilleure performance du premier groupe. En d'autres termes, dans cette expérience, la variable manipulée est la fabrication d'images mentales, la variable mesurée est le nombre de mots correctement rappelés et les variables contrôlées sont le type de mots (mots exactement les mêmes dans les deux conditions expérimentales) et la vitesse de présentation des mots (la même dans les deux groupes).

Par ailleurs, l'important dans une expérimentation est l'aléatorisation, c'est-à-dire la répartition aléatoire (au hasard) des participants (ou du matériel) dans les conditions expérimentales. Dans l'expérience sur la mémoire et les images mentales, tous les participants pouvaient se trouver aléatoirement soit dans le groupe avec, soit dans le groupe sans image. Cette aléatorisation permet de contrôler bon nombre de facteurs. Par exemple, si le groupe sans image ne testait que des hommes et le groupe avec image que des femmes, il serait impossible de dire ce qui a entraîné les meilleures performances (le sexe des participants ou la fabrication d'images mentales). L'aléatorisation et le maintien constant des facteurs non manipulés sont donc des opérations clés pour le contrôle de variables confondues en expérimentation. Deux variables sont confondues lorsqu'il est impossible de savoir si les résultats sont dus à l'une ou l'autre variable.

***Validité.*** Toute étude conduite en psychologie cognitive vise la maximisation de deux types de validité : la validité interne et la validité externe. La validité interne caractérise le fait que la variable manipulée est bien celle qui affecte le comportement étudié et qu'elle n'est, donc, pas confondue avec une autre variable. La validité externe (ou validité écologique) concerne le caractère généralisable des conclusions d'une recherche. Les expérimentations visent à obtenir des résultats qui peuvent être généralisés le plus possible à différentes situations (notamment dans la vie hors du laboratoire) et à différentes populations (et pas uniquement le groupe de participants testés).

# 3. MESURES EN PSYCHOLOGIE COGNITIVE

## 3.1 Les différentes mesures et propriétés générales d'une mesure

Les psychologues cognitivistes veulent comprendre le comportement cognitif, ses déterminants et ses mécanismes. Pour cela, ils vont non seulement manipuler (et contrôler) les déterminants, mais aussi mesurer différents aspects du comportement, notamment les performances cognitives. Ils cherchent toujours à mesurer le meilleur indicateur des performances cognitives, c'est-à-dire celui qui renseignera le mieux sur le comportement étudié. Cet indicateur, ou cette mesure, devra être le plus sensible (i.e., influencé) aux variables manipulées tout en étant le plus fidèle (i.e., plusieurs mesures aboutiront aux mêmes conclusions). Parmi les indicateurs du comportement répondant à ces critères, le temps de réaction (ou temps de réponse) ainsi que le pourcentage d'erreurs (ou de réponses correctes) sont souvent mesurés par les psychologues cognitivistes. Outre leurs propriétés métriques, ces indicateurs ont fait l'objet de nombreux travaux permettant de connaître le type d'inférence qu'il est possible de faire concernant les processus impliqués dans une tâche. En effet, il est important de collecter une mesure qui permette de comprendre (i.e., d'inférer le plus justement possible) les processus mis en œuvre dans une tâche. Il serait inapproprié de mesurer le temps de réponse en millisecondes pour une activité cognitive qui prendrait plusieurs heures. En revanche, dans une activité prenant moins d'une seconde, les temps de réponse sont utiles et intéressants.

Les psychologues cognitivistes ne recueillent pas que les temps de réponse ou les pourcentages d'erreurs. Ils recueillent aussi, par exemples les indicateurs suivants : protocoles verbaux (i.e., les participants verbalisent le contenu de leur mémoire de travail au cours de la réalisation d'une tâche, ou juste après) ; les mouvements oculaires (i.e., lieux et durées de fixation du regard sur un stimulus présenté à l'écran) ; les activations cérébrales (i.e., activités électriques et physiologiques du cerveau lorsqu'il accomplit une tâche).

Il n'y a pas de mesure de l'activité cognitive par excellence. Outre les qualités intrinsèques (i.e., validité, sensibilité, fidélité) d'une mesure, tout dépend de la question de recherche étudiée, elle-même fondée sur l'état de la littérature dans un domaine particulier.

## 3.2 Exemple de mesure : le temps de réponse (ou de réaction)

Un temps de réaction est généralement recueilli entre le moment où le participant reçoit un stimulus (e.g., un problème à résoudre, une phrase à comprendre) et celui où il émet sa réponse. Il résulte du nombre et du type de processus mis en œuvre. Aussi, sa mesure permet de découvrir ces processus et leurs caractéristiques. Pour cela, deux méthodes ont été mises au point : la méthode soustractive et la méthode additive.

***Méthode soustractive.*** La méthode soustractive, mise au point par Donders, part du postulat selon lequel les tâches cognitives diffèrent par le nombre de processus. Elle cherche à déterminer la durée d'un processus par soustraction du temps mis pour accomplir une tâche au temps mis pour accomplir une autre tâche. Les deux tâches mettent en œuvre exactement les mêmes processus, sauf un. L'une des deux tâches met donc en œuvre un processus supplémentaire. Aussi, la différence de temps entre les deux tâches indique la durée du processus (exemple Figure 1).

Les limites de la méthode soustractive tiennent au fait que deux tâches peuvent différer non seulement par le nombre de processus, mais aussi par la manière dont les mêmes processus peuvent être mis en œuvre dans deux tâches différentes. Aussi, le même processus utilisé dans deux tâches différentes peut être exécuté de manière différente et avec des durées différentes. Il n'est donc pas valide de penser que la durée d'un processus sera la même dans deux tâches qui diffèrent par le nombre de processus.

***La méthode additive.*** Mise au point par Sternberg, elle consiste à (a) envisager qu'une tâche cognitive est accomplie grâce à la mise en œuvre d'une suite d'étapes de traitement (ou de processus ou d'opérations mentales), (b) faire une analyse conceptuelle de la tâche (i.e., dresser la liste de ces processus) et (c) tester l'existence de ces processus en manipulant des variables indépendantes afin de voir si leurs effets sur les temps de réponse interagissent ou

| **Tâche A** | | **Tâche B** | |
|---|---|---|---|
| Processus | Durée (en ms) | Processus | Durée (en ms) |
| P1 | 220 | P1 | 220 |
| P2 | 110 | P2 | 110 |
| Total | 330 | P3 | ? |
| | | Total | 438 |
| **Durée du processus P3=438-330=108 ms** | | | |

*Note.* ms = milliseconde.

**FIGURE 1**
***Illustration de la méthode soustractive. La durée du processus P3 est obtenue en soustrayant le temps total à la tâche A du temps total à la tâche B.***

s'additionnent. Si deux variables interagissent, elles affectent la même étape de traitement. Si elles n'interagissent pas, elles influencent des étapes différentes.

***Exemple d'étude utilisant la méthode additive.*** Illustrons les principes de la méthode additive avec un exemple fictif de résolution de problème de calcul mental. Comment faisons-nous pour résoudre un problème aussi simple que 7 + 4 ? Selon l'analyse de la tâche, nous encodons d'abord le problème. Ensuite, nous cherchons la solution. Enfin, nous donnons notre réponse. Ces trois processus — encodage, recherche de solution, réponse — sont-ils indépendants ? Pour le savoir, il faut manipuler plusieurs facteurs, chacun affectant un processus différent. Par exemple, pour l'encodage, il est possible de comparer le temps mis pour résoudre des problèmes présentés clairement sur un écran d'ordinateur au temps obtenu avec des problèmes apparaissant de manière dégradée (i.e., difficile à voir) sur l'écran. L'encodage sera plus difficilement mis en œuvre dans la condition dégradée et devrait donc allonger le temps de résolution. La recherche de la solution peut être testée en comparant le temps mis pour résoudre des petits problèmes (comme 4+2) et celui mis pour résoudre des grands problèmes (comme 4+9). La recherche de la solution aux grands problèmes étant plus difficile, les participants devraient avoir besoin de plus de temps pour résoudre les grands problèmes. Une autre variable pourrait être utilisée pour la réponse. Mais, illustrons la logique additive avec seulement ces deux variables –l'une pour l'encodage (qualité du stimulus) et l'autre pour la recherche de la solution (taille des problèmes).

Soit les deux variables interagissent (et alors les deux mécanismes, encodage et recherche de la solution, ne sont pas indépendants et ne constitueraient qu'un seul mécanisme), soit elles n'interagissent pas (et alors il existe deux mécanismes différents et indépendants). Au niveau des temps de réaction, il y aura interaction si l'effet d'un facteur n'est pas le même dans chaque modalité de l'autre facteur. C'est-à-dire que la différence grands-petits problèmes ne sera pas la même pour les conditions « stimulus intacts » et « stimulus dégradés ». Une différence comparable indiquerait l'absence d'interaction (voir Tableau 1 pour deux scénarios de résultats à cette expérience en arithmétique : un scénario avec et un sans interaction).

Dans le premier scénario, les deux facteurs n'interagissent pas car la différence entre grands et petits problèmes est la même (i.e., 200 ms) dans les

**TABLEAU 1**

**Résultats fictifs (temps de résolution en ms) d'une expérience en arithmétique avec et sans interaction entre les deux facteurs manipulés.**

| | **Exemple sans interaction** | | | **Exemple avec interaction** | | |
|---|---|---|---|---|---|---|
| | Petits problèmes | Grands problèmes | **Diff.** | Petits problèmes | Grands problèmes | **Diff.** |
| Stimulus intacts | 500 | 700 | **200** | 500 | 700 | **200** |
| Stimulus dégradés | 700 | 900 | **200** | 700 | 1400 | **700** |
| **Différence** | **200** | **200** | **0** | **200** | **700** | **500** |

deux conditions d'encodage. Dans le second scénario, en revanche, les deux variables interagissent : la différence entre grands et petits problèmes est plus importante en présentation dégradée (700 ms) qu'en présentation intacte (200 ms). Les résultats du premier scénario sont compatibles avec l'hypothèse d'une indépendance entre les deux mécanismes d'encodage et de recherche de solution. Ceux du second scénario suggèrent que les deux mécanismes ne sont pas indépendants (e.g., les participants commencent à chercher la solution avant d'avoir fini d'encoder le problème).

La méthode additive, sans présenter les limites de la méthode soustractive, n'est pas exempte de problèmes, analysés par les psychologues (comme le fait qu'il est possible d'avoir une indépendance de deux étapes de traitement en cas d'interaction entre facteurs). Néanmoins, elle reste intéressante pour comprendre la suite des processus mis en œuvre dans une tâche.

# 4. THÉORIES EN PSYCHOLOGIE COGNITIVE

## 4.1 Niveaux d'analyse de la cognition humaine

La cognition humaine est une fonction vivante intégrée, dans le sens où elle met en œuvre les mécanismes les plus élémentaires du vivant (i.e., mécanismes biochimiques d'échanges de neuromédiateurs) mais aussi des mécanismes de haut niveau (i.e., inférences). Les techniques de neuro-imagerie à l'heure actuelle disponibles sont en mesure de fournir de plus en plus d'informations utiles à la compréhension de la cognition humaine. Aussi, l'activité électrique et chimique du cerveau, lorsqu'elle est connue et contraint les niveaux supérieurs d'analyse, aide les psychologues à comprendre la cognition humaine. Toutefois, les psychologues cognitivistes n'analysent pas la cognition en termes de ce qui se passe au niveau de l'activité électrique et chimique d'un neurone ou d'un groupe de neurones.

Le niveau d'analyse sur lequel se concentrent les psychologues cognitivistes reste un niveau plus abstrait que le niveau neuro-chimique. Ils n'analysent donc pas la cognition en termes d'événements neuronaux, mais en termes d'événements mentaux (i.e., de processus). Personne ne nie les événements neuronaux, au contraire. Il s'agit de comprendre par quels suite de processus (ou opérations) mentaux l'être humain mémorise et rappelle des informations, lit et comprend des mots, des phrases et du texte, résout des problèmes, prend des décisions, raisonne, etc. De plus en plus, les psychologues cognitivistes travaillent en étroite collaboration avec les autres chercheurs en sciences cognitives. Par exemple, les neuroscientifiques fournissent des données et théories sur le fonctionnement neuronal impliqué dans la cognition. Ces données et théories peuvent donner des indications fondamentales sur les mécanismes neurophysiologiques à la base des processus cognitifs. Par exemple encore, les chercheurs en intelligence artificielle proposent des modèles informatiques de la cognition qui peuvent aider les psychologues à formaliser leurs modèles et les implémenter sous formes de simulations informatiques. Par exemple enfin, les linguistes aident à comprendre comment la structure d'une langue affecte les traitements linguistiques, ce qui permet d'étudier comment la structure d'un système symbolique est traitée par un organe vivant (le cerveau).

## 4.2 Théories en psychologie cognitive

### 4.2.1 Types de théories

Toute science comprend des phénomènes et des théories. Les phénomènes les plus importants sont les plus robustes (i.e., la plupart du temps observés dans les recherches) et les plus représentatifs de classes de phénomènes plus générales. Au niveau de la cognition, les phénomènes observés et reproduits en laboratoire sont, autant que possible, représentatifs de la manière dont la cognition s'exerce dans la vie hors du laboratoire (validité écologique ou externe élevée). Les études empiriques permettent de décrire les caractéristiques de ces phénomènes : dans quelles conditions surviennent-ils ? Quelle est leur ampleur ? Quels sont les déclencheurs de ces phénomènes ?

Lorsque les phénomènes sont bien connus et les mécanismes responsables de ces phénomènes suffisamment bien compris, il est possible de les articuler en une théorie. Construire une théorie, c'est donc construire une représentation des phénomènes observés et des mécanismes envisagés pour expliquer ces phénomènes. En psychologie cognitive, il existe plusieurs familles de théories. Pour simplifier, l'ensemble de ces théories peut être divisé en deux grandes catégories : les théories computationnelles et les théories non computationnelles. Une théorie est dite computationnelle si elle a été implémentée ou simulée sur ordinateur. C'est-à-dire que le théoricien a construit une représentation des phénomènes et des mécanismes et a écrit un programme informatique qui, une fois exécuté, reproduit ces phénomènes. Une théorie non computationnelle n'a pas été implémentée sur ordinateur. Elle peut être une description verbale ou schématique de la suite des processus impliqués dans une tâche cognitive. Notons qu'il existe aussi une catégorie de théories, théories mathématiques de la cognition humaine, qui peut être soit computationnelle (lorsque les postulats sont implémentés dans un programme informatique) soit non computationnelle.

### 4.2.2 Critères d'évaluation d'une théorie

Une théorie computationnelle est-elle préférable à une théorie non computationnelle ? Oui, en psychologie cognitive comme dans n'importe quelle autre science. Pourquoi ? Parce qu'une théorie computationnelle présente les caractéristiques suivantes :

1. Les théories computationnelles fournissent une explication claire et précise de la mécanique cognitive, c'est-à-dire des mécanismes responsables des phénomènes observés. Les phénomènes observés sont vus comme le résultat d'une suite de mécanismes qu'il convient d'identifier et non comme le fruit d'un processus mystérieux et non étudiable ou non formulable (voire non formalisable).
2. Les théories computationnelles sont spécifiques et précises. Ces théories ne laissent pas dans le flou des notions importantes souvent utilisées par les psychologues comme les « ressources de traitement » ou la « mémoire de travail ». Ces notions correspondent à des paramètres dans une théorie, implémentés dans le programme informatique de simulation associé à la théorie.
3. Les théories computationnelles ne sont pas forcément limitées à des tâches, des phénomènes ou des domaines particuliers ou simples. A ce titre, elles peuvent aider le chercheur à réaliser une bonne évaluation des théories complexes. Une théorie augmente en complexité quand les phénomènes qu'elle analyse augmentent eux aussi en complexité, c'est-à-dire quand ils résultent de nombreux facteurs qui interagissent entre eux. L'un des intérêts des théories computationnelles résulte du fait que, étant simulées informatiquement, il est possible de voir le résultat d'une théorie proposant deux paramètres et de le comparer à une théorie proposant trois paramètres. Les résultats obtenus par simulation informatique permettent aussi d'étudier les effets de l'interaction entre plusieurs paramètres.
4. La cohérence interne d'une théorie computationnelle est facile à tester. Une théorie comporte une incohérence interne si au moins deux de ses postulats sont contradictoires. Il est parfois difficile de savoir si deux postulats sont contradictoires tant qu'ils n'ont pas été implémentés sur ordinateur et paramétrés. En modélisation, il est tout simplement impossible d'implémenter une théorie qui présente une incohérence interne.
5. La nécessité et la suffisance d'une théorie computationnelle peuvent être aisément évaluées. La nécessité concerne le fait que le(s) méca-

nisme(s) postulé(s) est (sont) requis pour que se produise le phénomène analysé. Autrement dit, sans ce(s) mécanisme(s), le phénomène ne peut survenir. S'il survient sans la mise en œuvre de ce mécanisme, c'est que ce mécanisme n'est pas nécessaire. La suffisance concerne le fait que, seul le mécanisme envisagé produit le phénomène observé ; aucun autre mécanisme n'est nécessaire.

Au-delà du caractère computationnel ou non-computationnel d'une théorie, l'un des objectifs des recherches théoriques et empiriques en psychologie cognitive, comme dans n'importe quelle autre science, est de savoir laquelle parmi deux théories en compétition est provisoirement la moins erronée. Pour cela, il existe plusieurs critères, les deux plus importants étant la puissance explicative et l'économie des postulats. La puissance explicative d'une théorie fait référence au niveau de généralité de la théorie : une théorie est dite d'autant plus générale (ou puissante) qu'elle explique un nombre important de phénomènes. Une théorie spécifique explique moins de phénomènes qu'une théorie générale. Lorsqu'il s'agit de porter un jugement sur deux théories en compétition, le scientifique préférera toujours la théorie la plus générale, toutes choses égales par ailleurs. C'est pourquoi, chaque fois qu'un chercheur met au point une théorie, il vise à la construire de sorte à expliquer le plus de phénomènes possibles au sein d'un même domaine cognitif, voire dans plusieurs domaines. Selon le principe d'économie explicative, une théorie est préférable à une autre théorie lorsqu'elle comporte moins de postulats ou de mécanismes. Ainsi, entre deux théories expliquant tout autant les phénomènes, le théoricien choisit celle qui postule le moins de mécanismes. Pourquoi postuler plus de mécanismes quand un nombre moins important fournit une aussi bonne explication ?

Dans les théories proposées en psychologie cognitive, comme dans n'importe quel autre domaine, ces critères sont très importants : le chercheur retiendra toujours la théorie la plus puissante et la plus économique. Le plus délicat est que, souvent, ces deux critères ne vont pas dans le même sens (e.g., une théorie peut augmenter en puissance tout en perdant en économie). Il s'agit donc de trouver un bon équilibre entre les deux critères. Personne ne perd de vue que la puissance et l'économie explicatives d'une théorie peuvent évoluer au fur et à mesure des différentes versions d'une même théorie.

Comme nous le verrons dans les chapitres qui suivent, dans tous les domaines de la cognition, il existe des théories computationnelles et non computationnelles, mais aussi des théories générales ou spécifiques. Quel que soit le domaine, les mêmes critères sont utilisés pour juger entre différentes théories en compétition.

## NOTIONS

- psychologie cognitive
- sciences cognitives
- méthode expérimentale
- observation naturelle
- méthode soustractive
- méthode additive
- théorie computationnelle
- théorie non-computationnelle.

## QUESTIONS DE MÉMORISATION

1. Quel est l'objet de la psychologie cognitive ?
2. Quelles disciplines regroupent les sciences cognitives ? Quel est leur objet d'étude commun ?
3. Quelles sont les étapes de l'approche scientifique d'une question ?
4. En quoi consistent les méthodes d'observation naturelle et la méthode expérimentale ?
5. Quelles sont les propriétés générales d'une mesure en psychologie ? Quelles sont les mesures du comportement utilisées en psychologie cognitive ?
6. Expliquer les principes des méthodes soustractive et additive ?
7. Quels sont les différents types de théories mises au point en psychologie cognitive ?
8. Quels sont les critères d'évaluation d'une théorie ?
9. Quelles différences existe-t-il entre les théories non-computationnelles et les théories computationnelles ?
10. Quels sont les avantages des théories computationnelles ?

## QUESTIONS DE RÉFLEXION

1. Les émotions pourraient-elles être étudiées par les psychologues cognitivistes ? Sinon pourquoi ? Si oui, à quelles conditions et illustrez une étude possible sur les relations entre cognition et émotion ?
2. Pourquoi, à votre avis, la cognition humaine ne peut pas être uniquement étudiée par les neurosciences ? Qu'est-ce que la psychologie cognitive peut apporter comme contribution spécifique à notre compréhension de le la cognition ?
3. Pensez-vous que les progrès théoriques en psychologie proviennent davantage de reformulations successives d'une même théorie ou du remplacement d'une ancienne théorie par une nouvelle pour expliquer de nouveaux phénomènes ?

CHAPITRE 2

# L'attention et la mémoire de travail

**SOMMAIRE**

1. L'attention
2. La mémoire de travail

# 1. L'ATTENTION

## 1.1 Définitions

L'attention est mobilisée dans toutes les activités cognitives. Elle peut être vue comme la capacité à se concentrer, comme un réservoir de ressources mentales ou encore comme la conscience. L'attention a plusieurs fonctions. Elle permet de sélectionner l'information pertinente pour une tâche afin de traiter cette information plus profondément : c'est l'attention sélective. Elle permet d'accomplir plusieurs tâches en parallèle ou de jongler simultanément entre plusieurs tâches ou plusieurs sources d'informations : c'est l'attention partagée ou la flexibilité attentionnelle. Elle permet encore de rester concentré ou focalisé sur une seule source d'information : c'est l'attention soutenue ou prolongée. Enfin, l'attention peut être exogène (lorsque déclenchée par un stimulus externe) ou endogène (lorsque déclenchée par le participant lui-même).

## 1.2 Phénomènes importants

***Effet Stroop.*** Dans une tâche de Stroop, les participants doivent dire le nom de la couleur des stimulus. Ces stimulus sont soit des noms de couleur soit des X. Les noms de couleurs peuvent indiquer la même couleur que l'encre dans laquelle ils sont écrits (e.g., le mot ROUGE écrit en rouge ; condition congruente) ou de couleur différente (e.g., le mot ROUGE écrit en vert ; condition incongruente). Les X sont de différentes couleurs (i.e., condition neutre). Lorsque les participants doivent dire la couleur de l'encre dans laquelle les mots sont écrits, ils vont plus vite dans la condition congruente (par rapport à la condition neutre) et plus lentement dans la condition incongruente. L'activation automatique du nom de la couleur indiqué par le mot interfère avec la couleur de l'encre, ce qui ralentit la dénomination de la couleur dans la condition incongruente. Dans la condition congruente, les deux dimensions (encre et nom de la couleur) étant les mêmes, le traitement d'une dimension (e.g., identification du nom de la couleur) n'est pas gêné par l'autre dimension ; les latences en sont accélérées.

***Effet d'amorçage négatif.*** Le traitement d'un stimulus préalablement inhibé est ralenti. Ainsi, par exemple, supposons que l'on donne à des participants des paires de lettres dont une est à lire à voix haute et l'autre à ignorer (e.g., dans la paire A C, C est à lire à voix haute et A doit être ignorée). A l'essai suivant, la lettre préalablement ignorée devient la lettre à lire à voix haute et est présentée avec une autre lettre à ignorer (e.g., dans la paire T A, A est à lire à voix haute et T à ignorer). Le temps de lecture de la lettre cible, préalablement ignorée, est ralenti, par comparaison au temps de lecture de la même lettre préalablement non ignorée. Ainsi, lire A dans la paire T A prend plus de temps après avoir vu A C qu'après avoir vu F G. La lettre A a été inhibée dans la première condition et doit être réactivée plus fortement pour pouvoir être lue à voix haute, ce qui n'est pas le cas dans la condition où elle n'a pas été préalablement inhibée.

***Effet de shadowing.*** Cet effet est observé dans une tâche d'écoute dichotique. Dans cette tâche, les participants entendent un message différent dans chaque oreille et doivent se concentrer sur l'un des deux messages. En réalité, ils ne perçoivent pas l'autre message, sauf s'il s'agit d'une information importante (comme leur prénom ou un message en lien avec le message principal). Ainsi, par exemple, Lewis (1970) a donné une tâche d'écoute dichotique à ses participants dans laquelle ils devaient se concentrer sur des phrases entendues dans l'une des deux oreilles. Des mots isolés étaient envoyés dans l'autre oreille. Les mots pouvaient être synonymes ou non d'un mot cible des phrases de la première oreille. Les participants avaient tendance à reconnaître le mot synonyme plus souvent que le mot non synonyme.

***Effets de ressemblance inter-tâche et de la difficulté des tâches dans le partage attentionnel.*** Lorsque les participants ont deux tâches à accomplir en parallèle, plus ces deux tâches se ressemblent, plus les performances se dégradent. Ainsi, avoir unc conversation en conduisant est possible, tandis qu'avoir la même conversation en écoutant de manière attentive une émission culturelle à la radio est sinon impossible du moins difficile. Par ailleurs, plus les deux tâches à accomplir simultanément sont difficiles, plus les performances à l'une ou aux deux tâches se dégradent. Ainsi, résoudre une équation mathématique en écoutant une poésie est plus difficile que résoudre la même équation en écoutant les oiseaux chanter.

***Effets d'automatisation des processus.*** Après entraînement, les processus deviennent automatiques, c'est-à-dire qu'ils consomment peu (ou pas) de ressources attentionnelles, sont mis en oeuvre rapidement, n'interfèrent pas avec d'autres processus et sont exécutés de manière irrépressible jusqu'au bout une fois déclenchés. Ainsi, par exemple, Spelke *et al.* (1976) ont entraîné leurs participants à lire des histoires courtes qu'ils devaient comprendre tout en écrivant des mots sous dictée. Au début de l'entraînement, les participants soit avaient du mal à exécuter les deux tâches, soit n'y parvenaient pas. Après 4 mois d'entraînement (à raison de 5 heures/semaine), les participants n'avaient aucun problème à exécuter les deux tâches en parallèle.

## 1.3 Théories de l'attention sélective

Pour traiter profondément une information, il faut se focaliser sur cette information. Ceci suppose de la sélectionner parmi un ensemble d'informations plus ou moins pertinentes. Il existe plusieurs théories de l'attention sélective. Toutes postulent que nous ne pouvons laisser entrer dans le système cognitif une quantité illimitée d'informations. Elles diffèrent sur le moment où la sélection des informations survient. Les trois théories principales, la théorie du filtre sélectif, la théorie de l'atténuation et la théorie de la sélection tardive, sont illustrées à la Figure 1.

Dans la théorie du filtre sélectif, proposée par Broadbent (1958), les informations sont sélectionnées à l'entrée du système cognitif par un ensemble

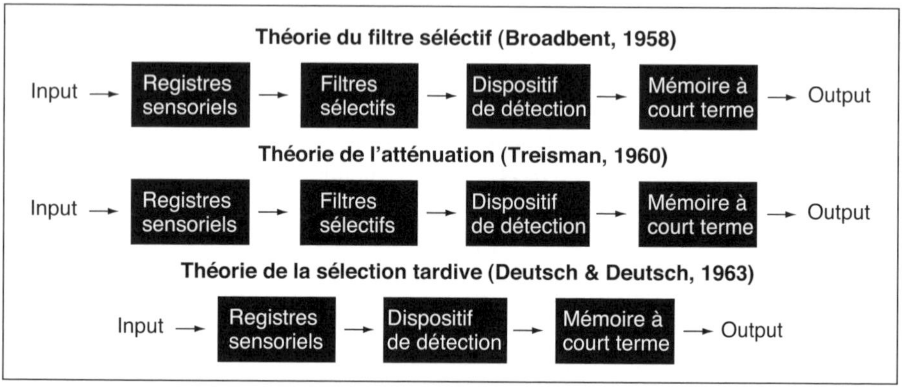


**FIGURE 1**
***Théories de l'attention sélective***

de filtres. L'information entre d'abord dans des registres sensoriels, puis subit une analyse pré-attentive permettant de traiter les caractéristiques physiques du message et, enfin, entrerait dans les filtres sélectifs qui ne conserveraient que l'information pertinente pour la tâche à accomplir. Dans la théorie de l'atténuation, proposée par Treisman (1960), l'information n'est pas sélectionnée par des filtres sélectifs. Elle entre dans le système, mais l'information non pertinente est atténuée, c'est-à-dire que la qualité du signal est dégradée pour les informations non pertinentes et intacte pour les informations pertinentes. Enfin, selon la théorie de la sélection tardive, proposée par Deutsch et Deutsch (1963), il n'y aurait ni sélection ni atténuation. Toute l'information entrerait d'abord dans le système, circulerait à travers toutes les étapes pré-attentives et parviendrait en mémoire à court terme sans avoir été pré-sélectionnée. C'est seulement en mémoire à court terme que les informations pertinentes seraient retenues et les autres informations éliminées.

Quel que soit le lieu de sélection de l'information, les théories de l'attention sélective ont comme point commun de postuler que le système cognitif comporte des ressources limitées et ne peut traiter l'ensemble des informations qui lui parviennent. En conséquence, il lui faut sélectionner les informations pertinentes. Cette sélection permet de traiter plus en profondeur les informations cruciales pour une tâche donnée.

# 2. LA MÉMOIRE DE TRAVAIL

## 2.1 Définition et tâches

***Définition.*** La mémoire de travail (MDT) est cette instance de notre système cognitif qui stocke et traite temporairement les informations. A ce titre, elle est impliquée dans toutes les activités cognitives. C'est, par exemples, dans la MDT que nous stockons temporairement un numéro de téléphone avant de le composer ou que nous exécutons les opérations arithmétiques pour trouver la somme de deux nombres à trois chiffres. Elle est aussi parfois appelée mémoire à court terme (notion qui ne met pas en avant l'aspect traitement, mais seulement l'aspect stockage temporaire des informations). Elle a aussi été appelée mémoire primaire, mémoire immédiate ou mémoire temporaire.

***Tâches.*** Il existe plusieurs tâches pour étudier les caractéristiques de la MDT ou son implication dans différentes activités cognitives.

- *Tâches d'apprentissage de liste d'items*. Dans ces tâches, les participants voient ou entendent des listes d'items (à raison d'un item toutes les secondes ou toutes les 2 ou 3 secondes) et doivent ensuite les restituer. Ces listes peuvent être de taille variable (e.g., 5, 10, 15, 30 items). On mesure le nombre d'items correctement restitués, soit dans l'ordre où ils ont été encodés (tâche de rappel sériel), soit dans n'importe quel ordre (tâche de rappel libre). Le nombre d'items correctement rappelés s'appelle l'empan en MDT.
- *Tâche de Brown et Peterson*. Il s'agit de la tâche d'apprentissage de liste d'items combinée à une tâche de comptage à rebours. Par exemple, le participant entend une liste de syllabes, puis un nombre (comme 412) à partir duquel il doit compter de 3 en 3 en arrière (412, 409, 406) jusqu'à ce que l'expérimentateur lui dise d'arrêter. A ce moment là, il doit restituer la liste de syllabes préalablement entendue. La tâche de comptage à rebours a pour fonction de bloquer les mécanismes d'auto-répétition mentale des syllabes.
- *Double tâche*. Les participants accomplissent deux tâches en parallèle : une tâche principale (e.g., résoudre un problème) et une tâche secondaire (e.g., répéter « le » sans arrêt). Ce paradigme est destiné à évaluer la quantité de ressources cognitives impliquées dans la tâche principale, dont l'exécution avec la tâche secondaire est comparée à une condition où elle est exécutée seule.
- *Tâches d'empan fonctionnel*. Il en existe deux types : tâche d'empan de lecture et tâche d'empan calculatoire (illustrées à la Figure 2). Ces tâches permettent de mesurer les empans de MDT en cours de réalisation d'une tâche cognitive. Dans la tâche d'empan de lecture, les participants doivent lire des séries de phrases, répondre à des questions de compréhension et retenir le dernier mot de chaque phrase. Le nombre de phrases dans une série varie de 2 à 7 phrases. Le participant voit d'abord les séries de 2 phrases, puis de 3 phrases, puis de 4 phrases, et ainsi de suite. Pour chaque taille, le participant voit au moins trois séries. L'épreuve s'arrête à partir du moment où le participant a échoué à deux séries, à l'épreuve de

compréhension ou à l'épreuve de mémorisation. Son empan est la taille de la série la plus élevée qu'il a réussie. Dans la tâche d'empan calculatoire, le principe est exactement le même, sauf que les participants résolvent des additions simples et doivent en retenir le second opérande.

## 2.2 Phénomènes importants

***Effets de capacité et de durée limitées.*** La capacité de la MDT est de 7 ± 2 éléments et sa durée de rétention d'environ 15 secondes. Que le matériel à stocker soit des lettres, chiffres, mots, nombres, images, objets, ou autres, nous retenons

| EMPAN DE LECTURE | EMPAN CALCULATOIRE |
|---|---|
| *Pour chaque phrase, répondre aux questions* | *Choisir la bonne réponse* |
| Il renversa deux cyclistes et termina sa course entre les bras d'un policier. | |
| -> *Où termina-t-il sa course ?* | |
| D'une main qui tremblait, il se coiffa puis, sans détourner la tête, gagna la sortie. | 4+7 = ? 9, 11, 13 |
| | 3+2 = ? 5, 6, 9 |
| -> *Qu'a-t-il fait après s'être coiffé ?* | 5+9 = ? 11, 13, 14 |
| Sans rien dire, il s'asseyait près du feu et buvait un alcool. | |
| -> *Qu'a-t-il bu près du feu ?* | |

RAPPEL

| | |
|---|---|
| *Rappeler le dernier mot de chaque phrase* | *Rappeler le second opérande de chaque problème* |
| --------------------------- | --------------------------- |
| --------------------------- | --------------------------- |
| --------------------------- | --------------------------- |

**FIGURE 2**

***Illustration des épreuves d'empan de lecture et calculatoire.***

en moyenne 7 ± 2 éléments. Ce nombre peut être augmenté si le participant utilise une stratégie de chunking ou de regroupement. Par exemple, s'il a une série de chiffres à apprendre, il peut regrouper les chiffres en nombre à 2 ou 3 chiffres plutôt que chercher à stocker les chiffres individuellement. Ce regroupement lui permettra de stocker plus de chiffres. Par ailleurs, si le participant s'auto-répète mentalement le matériel, il peut le stocker pour une durée plus longue que de 15 secondes ; sinon, le matériel s'efface de la MDT au bout de 15 secondes environ. Comme le montre la Figure 3, obtenue avec une tâche de Brown-Peterson, au bout de 15 secondes, il reste moins de 10 % du matériel en MDT.

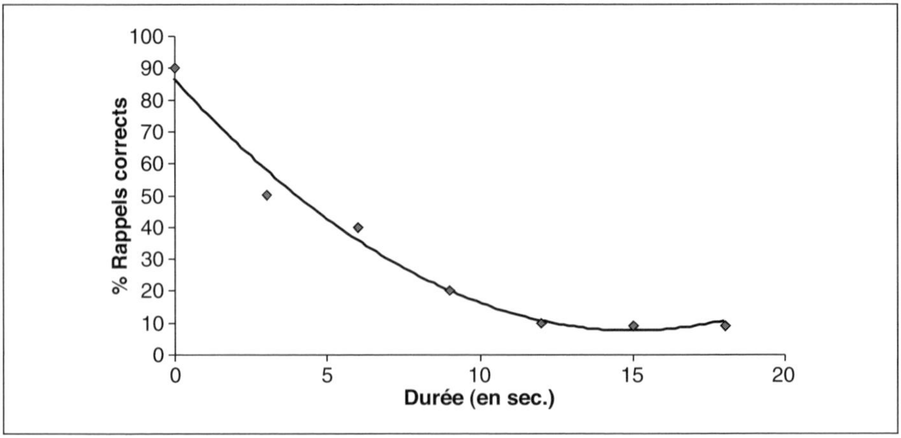


**FIGURE 3**
***Limite de durée de stockage des informations en MDT.***

***Effet d'interférence.*** L'oubli en MDT résulte de l'interférence entre items nouvellement et anciennement stockés. Par exemple, Wickens, Born et Allen (1963) ont donné d'abord trois mots à apprendre à leurs participants, puis trois lettres. Ils ont aussi testé une condition contrôle dans laquelle le type de matériel ne changeait pas au quatrième item. Comme le montrent les résultats à la Figure 4, le phénomène d'interférence pro-active classique (diminution des performances sur du matériel nouveau avec lequel interfère du matériel ancien) est observé sur les trois premiers items. Au 4$^{e}$ item, les performances augmentent à nouveau, provoquant un phénomène dit de relâchement de l'interférence.

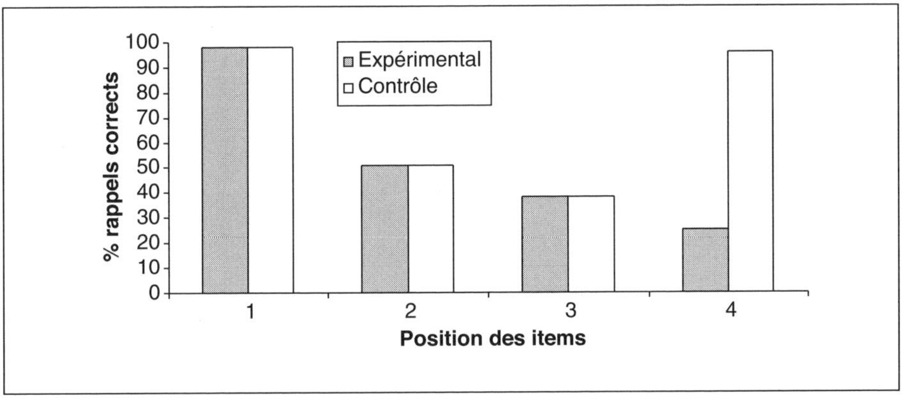


**FIGURE 4**
***Effets d'interférence pro-active et de suppression de cette interférence.***

***Effets de rappels sériels.*** Il s'agit des effets de récence et de primauté. Les performances sont meilleures sur les derniers items d'une liste pour l'effet de récence et sur les premiers items pour l'effet de primauté. Les performances sont les moins bonnes pour les items du milieu de la liste. Comme le montre la Figure 5, que les listes soient moyennement courtes (20 items) ou longues (40 items), ces effets sont présents ; ils sont aussi présents quel que soit le matériel.

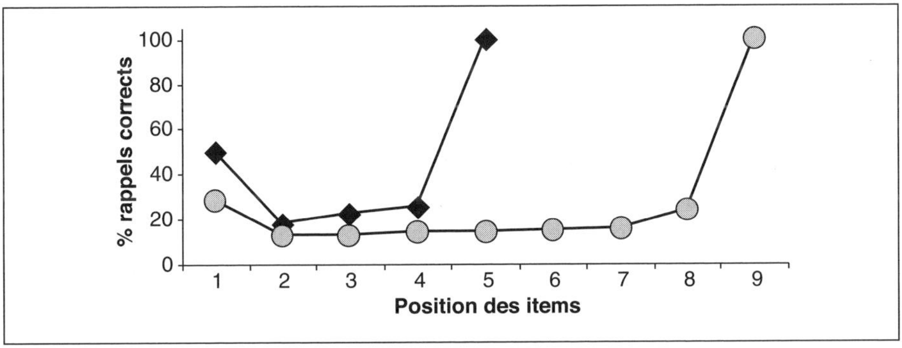


**FIGURE 5**
***Effets de rappel sériel (récence et primauté).***

***Effets de similarité acoustique.*** Dans une tâche de Brown-Peterson portant sur des listes de lettres, les erreurs de restitution commises par les participants sont proches acoustiquement parlant des lettres correctes. Par exemple, les participants rappellent *c* plus fréquemment que *o* au lieu de *b*. Cet effet a été reproduit expérimentalement par Wickelgren (1965). Il a présenté à ses participants des séries de 4 lettres, puis une tâche interférente (recopier 8 lettres). Lorsque les participants ont rappelé les 4 lettres apprises, ils commettaient d'autant plus d'erreurs que les lettres à recopier et à rappeler étaient phonologiquement proches. Ces effets de similarité acoustique suggèrent que l'information est représentée verbalement en MDT.

***Effets de rotation mentale.*** Lorsque deux objets ou figures sont comparés, le temps de comparaison dépend de leur angle de rotation. Les expériences de Shepard et Metzler (1971) ont montré ce phénomène. Les auteurs ont donné des paires de figures (comme celle sur la Figure 6) à comparer. Dans les paires de figures identiques, la deuxième figure était la même que la première mais avait subi une rotation d'un angle variable. Le temps de comparaison est linéairement dépendant de cet angle de rotation comme le montre la Figure 6. Ce phénomène est en accord avec l'hypothèse selon laquelle nous représentons et manipulons l'information en MDT de manière visuo-spatiale (et pas exclusivement de manière verbale).

***Effets des catégories sémantiques.*** Dans une liste d'items, la disparition de l'interférence pro-active au niveau d'un item d'une autre catégorie que les items précédents (voir Figure 4) suggère que l'information est codée, en MDT, de manière sémantique (i.e., le codage est fondé sur le sens des mots).

## 2.3 Théorie générale de la MDT

***Modèle de Baddeley et collaborateurs.*** Baddeley et ses collaborateurs ont proposé un modèle multi-composants de la MDT. Ce modèle comporte deux ensembles de postulats : l'un concerne l'architecture de la MDT, l'autre le fonctionnement de la MDT. L'architecture apparaît à la Figure 7. Le modèle comprend un système central et des systèmes esclaves. Le système central, appelé administrateur central, gère l'allocation des ressources cognitives, les fonctions

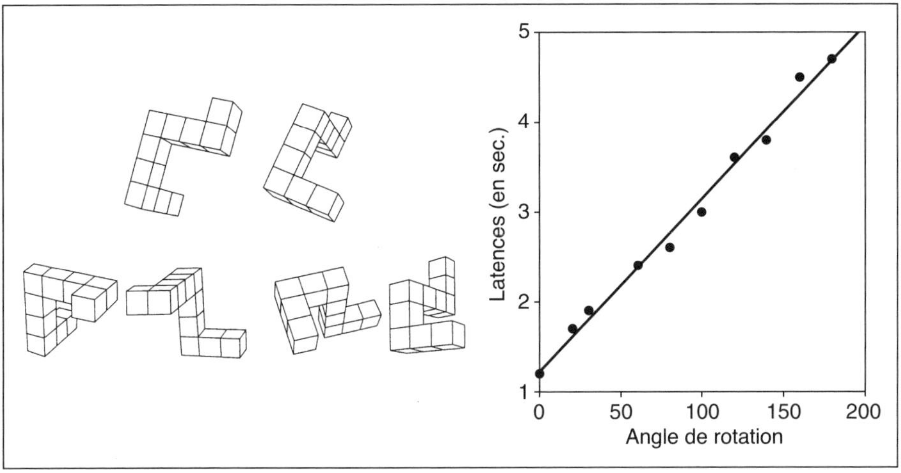


**FIGURE 6**

***Phénomène de rotation mentale : figures à comparer et temps de comparaison.***

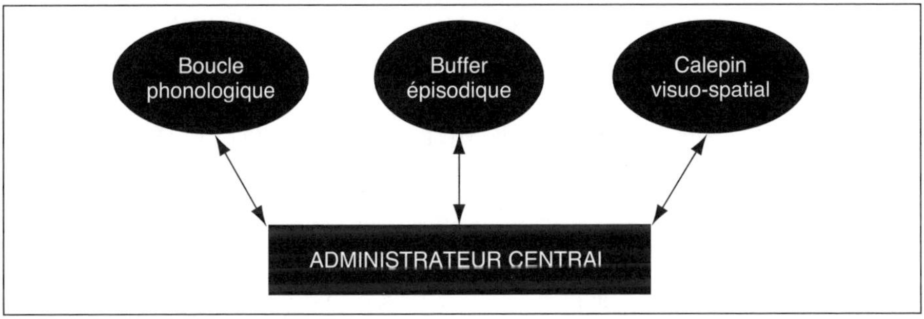


**FIGURE 7**

***Représentation schématique du modèle de Baddeley et collaborateurs.***

exécutives (comme la planification, la coordination des différentes sources d'informations, la prise de décision) et intègre les traitements des systèmes esclaves. Les deux systèmes esclaves les plus étudiés sont la boucle phonologique et le calepin visuo-spatial. Le calepin visuo-spatial permet de traiter les informations visuelles et spatiales (e.g., repérage dans l'espace, recherche visuelle, imagerie mentale). La boucle phonologique, ou boucle articulatoire, gère les mécanismes d'auto-répétition mentale et les processus articulatoires impliqués dans le langage. Enfin, le buffer épisodique est un système de stockage et/ou de récupération temporaire, sorte de tampon entre mémoire de travail et mémoire à long terme.

Le deuxième ensemble de postulats dans le modèle de Baddeley concerne le fonctionnement de la MDT. Selon ce modèle, la MDT est un réservoir de ressources cognitives ou ressources mentales ou ressources attentionnelles. Certaines ressources sont générales (i.e., indépendantes du composant mobilisé) ; d'autres sont spécifiques au composant impliqué dans une tâche cognitive. De plus, ce réservoir comporte un ensemble limité de ressources. Dès que la demande en ressources cognitives excède les ressources disponibles, alors soit le système dysfonctionne, soit il fonctionne moins bien. Ceci peut entraîner un ralentissement ou des erreurs. Les ressources d'un composant peuvent être en compétition avec celles d'un autre composant ou avec les ressources générales. C'est l'administrateur central qui décide la résolution des conflits ou les priorités accordées aux ressources (selon différents paramètres comme les objectifs que se fixe le participant ou comme l'expertise du participant dans un domaine). Tant que deux composants peuvent être mobilisés en parallèle, y compris dans la même tâche, les composants ne sont pas en conflit ou en compétition.

Même si les composants de la MDT, selon le modèle de Baddeley, sont indépendants, ils entretiennent des relations. Ainsi, ils échangent des informations (e.g., la boucle phonologique envoie le résultat de ses traitements à l'administrateur central) ou se répartissent les ressources attentionnelles générales (e.g., l'administrateur central coordonne la distribution des ressources entre les différents composants). En d'autres termes, les composants accomplissent des fonctions spécifiques, sont relativement indépendants, mais entretiennent également une étroite coopération dans la réalisation des tâches cognitives impliquant la MDT.

***Quelques validations empiriques.*** Le modèle de Baddeley est en accord avec les effets empiriques robustes observés dans les travaux sur la MDT. Il en fournit une explication cohérente (i.e., grâce à des postulats dont aucun ne se contredit) et économique (i.e., avec un minimum de postulats). Ainsi, par exemple, l'effet d'auto-répétition mentale de maintien s'explique par la mise en œuvre de la boucle phonologique qui s'active sur du matériel verbal et l'auto-répète (i.e., le participant se redit plusieurs fois le matériel en MDT). De la même manière, les confusions associatives entre lettres proviennent de la mise en œuvre de la boucle articulatoire qui traite les syllabes à apprendre en n'activant que partiellement les phonèmes compris dans les syllabes. Ainsi encore, les phénomènes de rappel sériel (effets de récence et primauté) résultent de la mise en œuvre de la boucle phonologique (pour l'effet de récence) et à la fois de la boucle phonologique et de l'administrateur central (pour l'effet de primauté). La boucle phonologique maintient actifs en MDT les derniers items d'une liste grâce aux mécanismes d'auto-répétition mentale. Après avoir stocké provisoirement les premiers items dans la boucle phonologique, l'administrateur central aide à les transférer en MLT (grâce aux mécanismes d'auto-répétition mentale et de traitement de la signification). Ainsi, enfin, les phénomènes de rotation mentale se déroulent dans le calepin visuo-spatial. Dans ce calepin, les procédures de répétition de maintien et de manipulation des représentations visuelles (les figures à comparer) et spatiales (la rotation des deux figures pour les comparer) permettent de dire si oui ou non les paires de figures comprennent des figures identiques.

Le modèle de Baddeley a aussi le mérite de formuler des prédictions spécifiques (i.e., non formulables sans ce modèle). Deux types de prédictions ont fait l'objet de validations empiriques importantes. La première concerne l'effet de la surcharge en MDT et la seconde l'effet spécifique des composants dans certaines tâches.

- *Effet de la surcharge en MDT*. Le modèle de Baddeley prédit que, si dans une tâche cognitive, la quantité de ressources cognitives nécessaires dépasse celle disponible, alors les performances devraient se dégrader. De nombreuses études empiriques ont validé cette prédiction. La plupart ont utilisé le paradigme de la double tâche. Ainsi, par exemple, Baddeley et Hitch (1974) ont demandé à leurs participants d'accomplir deux tâches : la tâche principale était une tâche de raisonnement verbal, la tâche secondaire une tâche de maintien d'items en MDT. Dans la tâche de raisonnement verbal, les participants devaient dire si la phrase B précède A était vérifiée dans un dessin représentant AB (ou BA). Certaines de ces phrases étaient fausses, d'autres vraies. Les phrases variaient par leur difficulté. Ainsi, les participants avaient des phrases faciles (comme A précède B), des phrases moyennement difficiles (comme B est précédé par A ou A est précédé par B) et des phrases plus difficiles (comme B n'est pas précédé par A ou A n'est pas précédé par B). Pour la tâche secondaire, les participants voyaient, avant chaque phrase, une liste d'items qu'ils devaient maintenir en MDT pendant la réalisation de la tâche principale et restituer ensuite. Si l'on compare les performances obtenues dans une condition où la tâche principale est exécutée seule et dans une condition où les deux tâches sont exécutées, la seconde condition produit de moins bonnes performances. Ainsi, les auteurs ont observé que les participants mettaient en moyenne 3.27 secondes à la tâche principale lorsqu'exécutée seule et 4.73 secondes lorsqu'exécutée avec une tâche secondaire. En d'autres termes, dans la mesure où les deux tâches ensemble consommaient plus de ressources mentales que disponibles, l'exécution des deux tâches ensemble s'en est trouvée détériorée (comme le montre la diminution des performances en condition double tâche par rapport à la condition tâche simple).

- *Effets spécifiques des composants.* Baddeley et Hitch ont utilisé le paradigme de la double tâche en cherchant à montrer l'implication spécifique des composants de la MDT. Pour cela, ils ont mis au point des tâches secondaires qui mobiliseraient spécifiquement chaque composant. Ainsi, par exemple, ils ont testé l'implication de la boucle phonologique et de l'administrateur central dans la tâche de raisonnement verbal vue précédemment. Pour la boucle phonologique, ils ont demandé à leurs participants de répéter soit « le-le-le », soit « un-deux-trois-quatre-cinq-six ». Pour l'administrateur central, les participants devaient produire des séries aléatoires de six chiffres. Les résultats apparaissent à la Figure 8. Comme le montrent ces résultats, (a) les conditions double tâche produisent des latences plus élevées que les conditions simple tâche et (b) la surcharge de l'administrateur central a entraîné une augmentation des latences (par rapport à la condition contrôle) plus importante que la surcharge de la boucle phonologique, surtout pour les phrases les plus difficiles (comme les phrases négatives/passives, du type *A n'est pas précédé de B*). Ce dernier résultat suggère le rôle crucial de l'administrateur central dans le raisonnement verbal.

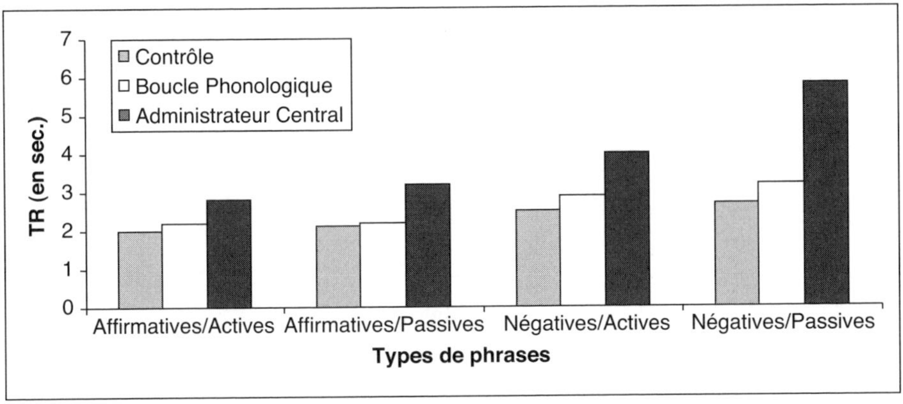


FIGURE 8

***Effet des composants spécifiques de la MDT dans une tâche de raisonnement verbal (d'après Baddeley & Hitch, 1974).***

## NOTIONS

- attention sélective
- attention partagée
- attention soutenue
- effet Stroop
- amorçage négatif
- shadowing
- processus automatiques/contrôlés
- théorie du filtre sélectif
- théorie de l'atténuation
- théorie de la sélection tardive
- mémoire de travail
- effet d'interférence
- effets de rappel sériel
- effet de similarité acoustique
- effet de rotation mentale
- effet de catégorisation sémantique
- effet de surcharge en mémoire de travail.

## QUESTIONS DE MÉMORISATION

1. Qu'est-ce que l'attention sélective, partagée ou soutenue ?
2. Décrire les effets attentionnels principaux, à savoir l'effet Stroop, d'amorçage négatif, de shadowing, de ressemblance inter-tâche et d'automatisation des processus ?
3. Décrire la théorie du filtre sélectif proposée par Broadbent (1958)
4. Décrire la théorie de l'atténuation proposée par Treisman (1960)
5. Qu'est-ce que la théorie de la sélection tardive (Deutsch & Deutsch, 1963)
6. Décrire les tâches utilisées pour étudier les caractéristiques de la mémoire de travail.
7. Que sont les effets de durée et de capacités limitées en mémoire de travail ?
8. Qu'est-ce que l'effet d'interférence ?
9. Décrire les effets principaux caractérisant la mémoire de travail, à savoir les effets de rappel sériel, de similarité acoustique et de rotation mentale, de catégorisation sémantique et de surcharge en mémoire de travail.
10. Définir la mémoire de travail et décrire le modèle proposé par Baddeley.

## QUESTIONS DE RÉFLEXION

1. Supposons que vous vouliez déterminer s'il existe des différences individuelles (e.g., effet du niveau scolaire ; effet de l'âge des participants ; effets de la vitesse de traitement de l'information) dans les capacités d'inhibition d'une information non pertinente. Proposez un protocole expérimental, ainsi que vos hypothèses et prédictions.
2. A votre avis, quels sont les processus cognitifs élémentaires impliqués dans les tâches d'empan de lecture et d'empan calculatoire ?
3. Supposons que vous vouliez tester l'hypothèse selon laquelle la charge en mémoire de travail diminue avec l'augmentation de l'âge chez les enfants dans des activités de calcul mental. Quelle expérience proposeriez-vous pour tester cette hypothèse et quelles prédictions seraient en accord avec cette hypothèse ?

CHAPITRE 3

# La mémoire à long terme

**SOMMAIRE**

1. Définitions, méthodes et distinctions
2. Effets expérimentaux importants
3. Théories générales de la mémoire

# 1. DÉFINITIONS, MÉTHODES ET DISTINCTIONS

Les travaux sur la mémoire à long terme (MLT) cherchent à comprendre comment nous stockons des informations, comment nous les maintenons mémorisées et comment nous récupérons ces informations lorsque nous en avons besoin. A chaque fois, les chercheurs visent à déterminer les facteurs qui facilitent ou perturbent ces opérations de stockage, maintien et récupération, ainsi que les mécanismes impliqués.

## 1.1 Méthodes et tâches

La mémoire est étudiée aussi bien en laboratoire qu'en dehors du laboratoire. L'étude en laboratoire permet de conduire des expérimentations où tous les facteurs sont contrôlés, sauf celui (ou ceux) auquel on s'intéresse. L'étude en dehors du laboratoire, sous la forme d'enquête ou de journal (les événements qui nous arrivent sont notés dans un carnet puis testés ensuite par un observateur indépendant), offre la possibilité d'étudier la mémoire telle qu'elle fonctionne dans la vie quotidienne. Pratiquement les mêmes facteurs sont apparus importants dans les études au sein et hors du laboratoire.

Dans une étude typique de laboratoire, une expérience de mémoire comprend trois étapes (voir Figure 1). La première étape est une phase d'encodage ou de stockage de l'information. Au cours de cette étape, le participant doit mémoriser du matériel qui peut être une liste de mots, d'objets ou d'ima-

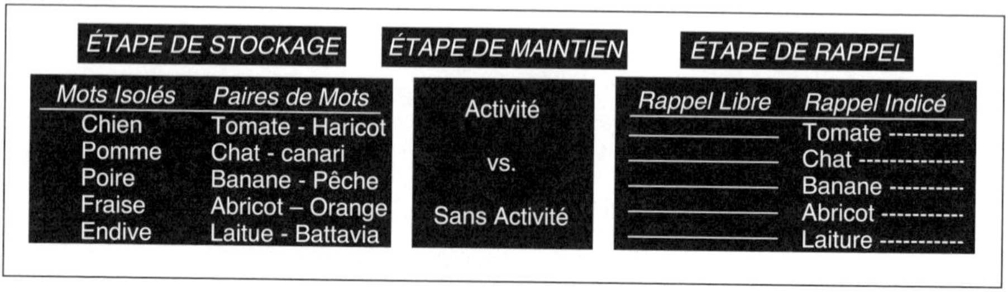


**Figure 1**

***Déroulement d'une expérience sur la mémoire***

ges, mais aussi du matériel plus complexe comme du texte. Au cours de la phase de maintien, le participant peut ou non avoir une tâche distractrice (e.g., résoudre des problèmes arithmétiques). Enfin, dans la troisième phase, le participant doit récupérer le matériel préalablement mémorisé et le restituer à l'expérimentateur. Des facteurs, plus ou moins indépendants, peuvent être manipulés au cours de chaque phase. Par exemple, au cours de la phase de stockage, les participants peuvent être invités à lire simplement les mots à apprendre ; ils peuvent aussi avoir à fabriquer des images mentales. Par exemple encore, au cours de la phase de rappel, ils peuvent avoir une tâche de rappel (i.e., rappeler les mots appris dans l'ordre qu'ils veulent ou dans l'ordre de stockage) ou une tâche de reconnaissance (i.e., dire si chaque mot présenté faisait partie de la liste préalablement apprise).

## 1.2 Distinctions

Il n'existe pas une mémoire unique, mais plusieurs types de mémoire. Ainsi, des distinctions, qui ne se recouvrent pas toujours, ont été proposées : mémoire rétrospective/mémoire prospective ; mémoire épisodique/mémoire sémantique ; mémoire explicite/mémoire implicite ; mémoire déclarative/mémoire procédurale.

La mémoire rétrospective concerne la gestion des événements passés tandis que la mémoire prospective traite les événements à venir. La mémoire sémantique concerne la mémoire des connaissances générales et encyclopédiques du monde et du langage, tandis que la mémoire épisodique comprend nos souvenirs personnels (y compris les souvenirs de listes de mots ou d'images stockés lors d'une expérience de psychologie en laboratoire) et autobiographiques. La mémoire explicite caractérise l'utilisation consciente et intentionnelle de la mémoire (e.g., lorsque nous recherchons le prénom de quelqu'un) tandis que la mémoire implicite renvoie à l'utilisation non intentionnelle et inconsciente de la mémoire (e.g., lorsqu'un endroit nous fait penser à quelqu'un sans que nous cherchions à penser à cette personne). Enfin, la mémoire déclarative contient nos connaissances générales sous la forme de savoirs (e.g., *Paris est la capitale de la France*) alors que la mémoire procédurale abrite nos savoir-faire (e.g., comment faire du vélo ou conjuguer un verbe).

## 2. EFFETS EXPÉRIMENTAUX IMPORTANTS

Les travaux empiriques au sein et hors du laboratoire ont permis de mettre en évidence de nombreux facteurs affectant notre mémoire, dans le sens d'une facilitation ou d'une perturbation. Les effets ici décrits sont les effets les plus robustes (i.e., répliqués de nombreuses fois dans différentes conditions expérimentales). Il s'agit des effets de répétition mentale, de la profondeur de traitement de l'information, de contexte, de fan (ou interférence), du type de tâche, de la question inductrice, de l'organisation hiérarchique et de l'organisation schématique.

***Effet de la répétition mentale de maintien.*** Plus on se répète (i.e., se redit intérieurement) le matériel à apprendre, mieux on le mémorise et le rappelle ensuite. Par exemple, Hellyer (1962) a donné à ses participants une tâche d'apprentissage d'une liste de syllabes constituées d'une consonne, d'une voyelle et d'une consonne (comme TAC). Les participants devaient répéter chaque item 1 fois, 2 fois, 4 fois ou 8 fois. Les données ont révélé que plus les participants avaient à répéter le matériel, meilleures étaient leurs performances en rappel (e.g., ils rappelaient en moyenne 25 % des syllabes répétées une fois tandis qu'ils rappelaient pratiquement 80 % des syllabes répétées 8 fois).

***Effets de la profondeur de traitement de l'information.*** Plus le matériel est traité profondément au cours du stockage, meilleure est sa mémorisation. Le matériel est traité profondément lorsque le participant utilise la signification du matériel, crée des liens entre le matériel nouveau et le matériel déjà présent en MLT, se construit des images mentales riches du matériel à mémoriser, etc. Le matériel est traité superficiellement lorsqu'il est simplement mentalement répété ou lorsque seulement des caractéristiques de surface (comme les sons) sont traitées. Par exemple, Hyde et Jenkins (1973) ont demandé à leurs participants d'apprendre des listes de 24 mots, présentés à raison d'un mot toutes les 3 secondes. Un groupe de participants avait une consigne de traitement superficiel (i.e., dire si chaque mot contenait soit un *e*, soit un *g*), tandis que l'autre groupe avait une consigne de traitement profond (i.e., dire si le mot évoque quelque chose d'agréable). La moitié des participants était interrogée dans une condition d'apprentissage intentionnel (i.e., ils étaient prévenus avant l'expérience que leur mémoire des mots serait sondée après la phrase d'apprentissage) et l'autre moitié dans une condition d'apprentissage incident (i.e., ils n'étaient pas prévenus qu'ils seraient testés sur les mots appris). Les données, apparaissant à la Figure 2, montrent que, quelle que soit la forme d'apprentissage, le traitement profond est toujours meilleur que le traitement superficiel (il permet même d'obtenir des performances équivalentes en apprentissages incident et intentionnel). Ces effets sont en accord avec l'hypothèse de la profondeur de traitement de l'information, formulée par Craik et Lockhart (1972), selon laquelle la qualité de la mémorisation d'un item dépend de la profondeur du traitement à l'encodage.

***Effets de contexte.*** Plus les contextes de stockage et de rappel se ressemblent, meilleures sont les performances mnésiques. L'important est bien la synergie des contextes, quelle que soit la nature (physique, psychologique) de ces contextes. Par exemple, Godden et Baddeley (1975) ont donné une liste de 40 mots à apprendre à des plongeurs sous-marins. La moitié des participants devait apprendre la liste en mer (à 60 mètres de profondeur), l'autre moitié sur terre. Lors de la phase de rappel, la moitié des participants a été testée dans le même contexte que celui de l'apprentissage (ceux ayant appris en mer ont rappelé en mer, ceux ayant stocké sur terre ont restitué sur terre), l'autre moitié dans l'autre contexte (ceux ayant appris en mer ont rappelé à terre et ceux ayant appris sur terre ont rappelé en mer). Les données ont montré que les participants ayant appris et rappelé dans le même contexte obtenaient environ 30 % de

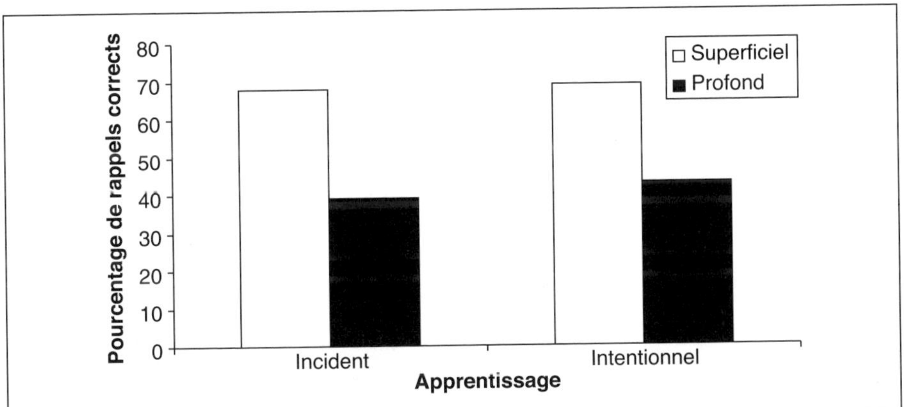


**FIGURE 2**
***Pourcentages de mots correctement rappelés dans l'expérience de Hyde et Jenkins (1973).***

rappels corrects, tandis que ceux ayant été testés dans la condition « contextes différents » obtenaient un taux de rappel correct de seulement 20 % environ.

***Effet de fan (ou d'interférence).*** Obtenu dans une tâche d'apprentissage de listes d'items, il consiste à observer de moins bonnes performances mnésiques lorsque le matériel à rappeler est associé à davantage d'informations. Par exemple, Anderson (1974) a demandé à ses participants d'apprendre 26 énoncés du type *Le docteur est à la banque*. L'auteur a fait varier le nombre de personnes dans un endroit et le nombre d'endroits où une personne peut se trouver. Il a ainsi donné les énoncés suivants : (a) *Le docteur est a la banque*, (b) L*e pompier est dans le parc*, (c) *L'avocat est dans l'église*, (d) *L'avocat est dans le parc*. Dans ces quatre phrases, le docteur et le pompier ne sont que dans un seul endroit, tandis que l'avocat est dans deux endroits. Par ailleurs, il n'y avait qu'une personne à la banque et dans l'église, mais deux personnes dans le parc. Les participants ont appris les 26 faits jusqu'à les savoir par cœur. Dans une deuxième phase, les participants voyaient des énoncés, certains faisant partie des 26 appris, d'autres étant nouveaux. Parmi les nouveaux énoncés, la moitié recombinait des personnes et des lieux (e.g., *Le pompier est dans l'église*). Comme le montrent les temps moyens de phrases correctement reconnues (voir Figure 3), ce temps augmente en fonction du nombre de faits étudiés pour chaque personne et chaque lieu. Ce phénomène s'explique par le fait que l'informa-

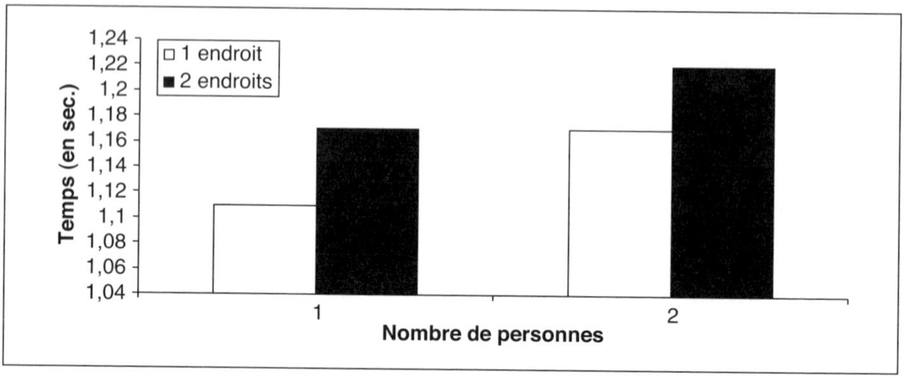


**FIGURE 3**

***Temps moyens (en sec.) de reconnaissance par phrase correctement reconnue (d'après Anderson, 1974).***

tion cible reçoit plus d'activation lorsque cette activation n'est pas partagée par plusieurs items. Les items partageant des informations partagent aussi l'activation reçue et sont donc moins rapidement activés et reconnus ou rappelés.

***Effets du type de tâche.*** Il consiste à observer une interaction entre le type de tâche de rappel et le type de tâche d'encodage. Certains types d'encodage affectent certains types de rappel et pas d'autres, tandis que d'autres types d'encodage ont un effet inverse. Par exemple, Jacoby et Dallas (1981) ont demandé à leurs participants d'apprendre une liste de mots familiers dans l'une des trois conditions suivantes. Dans la première, les participants répondaient, pour chaque mot, à une question physique (e.g., *Le mot comporte-t-il un L ?*). Dans la seconde, la question portait sur un trait acoustique (e.g., *Le mot rime-t-il avec O ?*). Dans la dernière, la question concernait une propriété sémantique (e.g., *Le mot désigne-t-il un meuble ?*). Au cours de la phase de rappel, les participants avaient soit un test de mémoire explicite (i.e., tâche de reconnaissance où les participants devaient dire si chaque mot présenté faisait partie de la liste apprise) soit un test de mémoire implicite (i.e., tâche d'identification où les participants voyaient un mot pendant 35 ms et devaient dire quel mot venait d'être présenté). Les résultats, apparaissant à la Figure 4, montrent que la tâche d'encodage n'a pas affecté le rappel implicite alors qu'elle a affecté le rappel explicite.

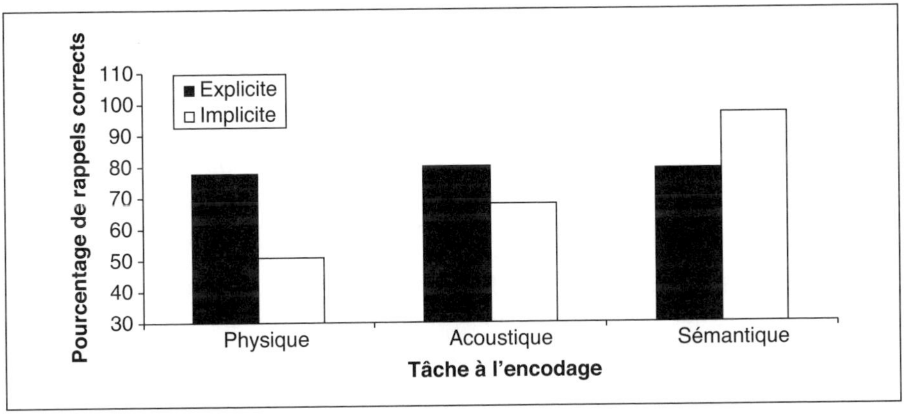


FIGURE 4

***Taux de reconnaissances correctes dans des tâches de mémoire implicite et explicite en fonction de la tâche à l'encodage (d'après Jacoby & Dallas, 1981).***

***Effets de la question inductrice.*** La mémoire des informations change en fonction de la manière dont on sonde ces informations. Par exemple, Loftus et Palmer (1974) ont observé que la mémoire des informations diffère selon la question posée sur l'information recherchée. Ainsi, ils ont montré à leurs participants des films relatifs à un accident de voiture. Après le film, ils ont posé des questions sur l'accident. Par l'une des questions, ils voulaient savoir à quelle vitesse roulaient les voitures au moment de l'accident. Ils ont posé une question sous plusieurs versions. Toutes les versions commençaient par *A quelle vitesse allaient les voitures lorsqu'elles* ; les versions différaient sur la fin : (a) *se sont écrasées l'une contre l'autre ?* (b) *sont entrées en collision ?* (c) *se sont rentrées dedans ?* (d) *se sont heurtées ?* (e) *sont entrées en contact* ? Les vitesses fournies par les participants étaient en moyenne de 75 kms/h, 60 kms/h, 57 kms/h, 50 kms et 40 kms/h pour, respectivement, les versions (a), (b), (c), (d) et (e). Tout se passe comme si l'information récupérée en mémoire était altérée par le sondage même de la mémoire.

***Effets d'organisation hiérarchique.*** L'organisation sémantique des concepts en MLT détermine leur vitesse de récupération de sorte que les concepts du niveau sous-ordonné sont récupérés plus vite à partir des concepts du niveau de base qu'à partir des concepts du niveau sur-ordonné. Par exemple, *fauteuil Louis XVI* est plus vite récupéré à partir du concept *fauteuil* qu'à partir du concept *meuble*. Ceci est observé dans des tâches de vérification d'énoncé, conçues à l'origine par Collins et Quillian (1969). Dans ces tâches, les participants vérifient des énoncés comme *Le chien est un animal*, *le bouledogue est un animal*, *le bouledogue est un chien*, *le chien est un oiseau*, etc. En général, les gens vont plus vite pour dire que *le bouledogue est un chien* que pour dire que *le bouledogue est un animal*, car ils récupèrent (activent) plus vite en MLT la catégorie *chien* à partir de *bouledogue* qu'à partir de la catégorie *animal*.

***Effets d'organisation schématique.*** Les événements sociaux sont organisés sous la forme de schéma ou de scripts au sein desquels certains éléments sont centraux et d'autres périphériques. Ainsi, par exemple, si je vous dis *Hier je suis allé au restaurant*, vous aurez une représentation de ce qui s'est passé. Les événements suivants ont eu lieu : « entrer », « s'asseoir », « lire le menu », « commander », « manger », « payer ». D'autres événements moins centraux ont pu aussi avoir eu lieu, comme « déplier sa serviette », « commander un apéritif », « pendre son manteau », « discuter avec le chef ». C'est ce qu'ont observé Bower, Black et Turner (1979) lorsqu'ils ont sondé la représentation du script du restaurant chez leurs participants. Il existe ainsi de nombreux scripts, comme aller chez le dentiste, aller au cinéma, fêter un anniversaire, etc.

## 3. THÉORIES GÉNÉRALES DE LA MÉMOIRE

Il existe de nombreuses théories de la mémoire. Il n'est pas possible de toutes les présenter ici. Aussi, nous nous focalisons sur la théorie la plus générale et la plus intégrée, celle proposée par Anderson et ses collaborateurs. La théorie de la mémoire d'Anderson s'inscrit dans une théorie plus générale de la cognition (ou théorie unifiée de la cognition) qui vise à rendre compte d'un maximum de phénomènes cognitifs avec un minimum de postulats. Les postulats de la théorie, appelée théorie ACT (pour *Adaptive Control of Thought*), peuvent se résumer de manière suivante (voir Anderson, 2005 ; Anderson & Lebière, 1998).

***Postulat 1 :.*** La mémoire est un composant important au sein d'une architecture cognitive générale. Cette architecture est représentée à la Figure 5. Elle décrit le système cognitif comme comprenant trois composants importants : la mémoire de travail (MDT), la mémoire procédurale et la mémoire déclarative.

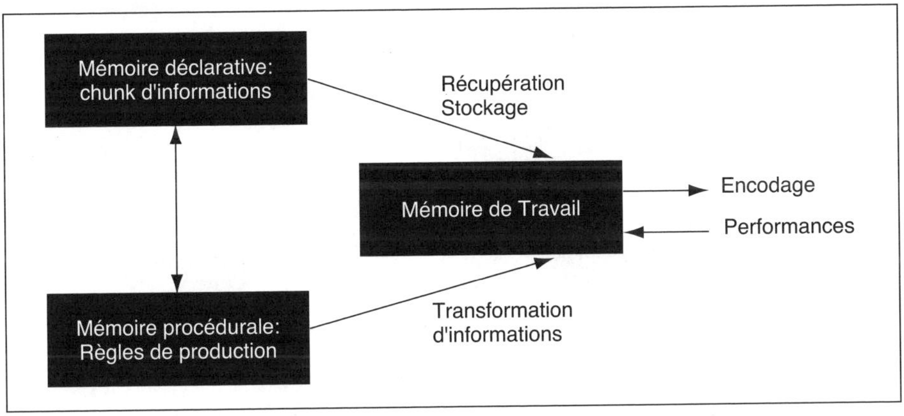


**FIGURE 5**

***Architecture cognitive selon la théorie ACT d'Anderson.***

La MDT sert d'interface entre la MLT et l'environnement et est, parfois, conçue comme une partie activée de la MLT. La mémoire déclarative et la mémoire procédurale contiennent les informations stockées et les procédures de traitement des informations. Ces trois composants interagissent. Anderson ne fait pas de distinctions entre mémoire épisodique et mémoire sémantique ou entre mémoire implicite et mémoire explicite.

***Postulat 2 :.*** Les informations en mémoire peuvent être représentées par des chunks. Ces chunks constituent des réseaux de nœuds interreliés (ces nœuds représentent des unités de base d'information comme des concepts ou des propositions ; voir Figure 6). Chaque nœud comporte un niveau de base d'activation. Si l'activation reçue par un nœud dépasse ce niveau de base, alors l'information représentée par ce nœud est activée en MDT.

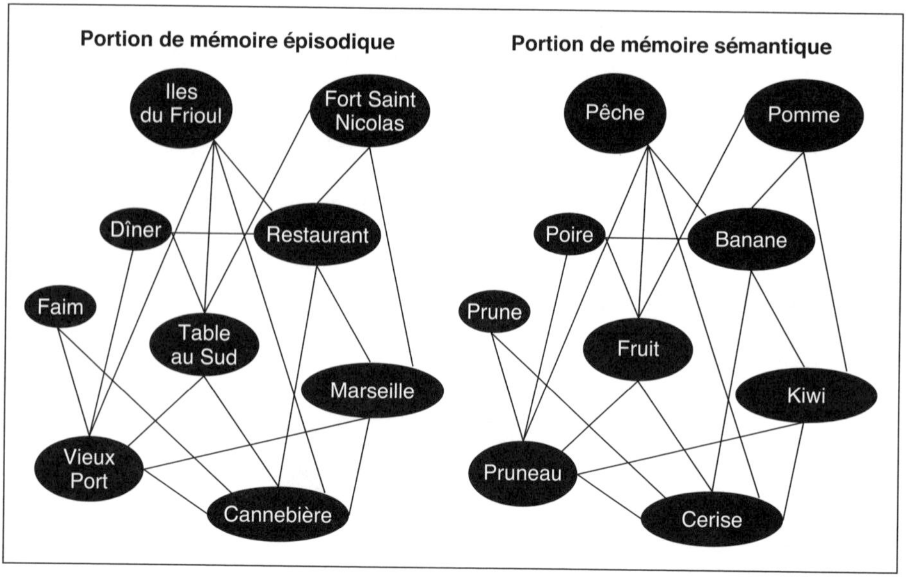


FIGURE 6

***Représentation des informations en mémoire déclarative. Le panneau de gauche représente une portion de mémoire épisodique (correspondant à l'expérience d'une personne au Vieux Port de Marseille), celle de droite à une portion de mémoire sémantique (correspondant à un ensemble de fruits). Les deux types de mémoire, selon ACT, ne diffèrent pas du point de vue de la représentation en nœuds interreliés des informations.***

***Postulat 3 :.*** L'encodage d'une information permet de construire une représentation de cette information en MDT qui va activer sa représentation en MLT. Cette activation va se répandre dans le réseau aux représentations voisines. Au sein du réseau de nœuds interreliés, l'activation diffuse entre les différents nœuds. Cette activation peut provenir d'informations encodées dans la MDT ou générées au sein du système. Cette activation diffuse du nœud cible aux nœuds interreliés en fonction de la distance entre ces nœuds (i.e., deux nœuds proches en mémoire s'activeront plus facilement que deux nœuds éloignés).

***Postulat 4 :.*** En mémoire procédurale, le traitement de l'information se fait par des systèmes de production. De tels systèmes comprennent de nombreuses productions. Une production est une règle de type « SI…ALORS » (CONDITION, ACTION). Ces règles peuvent prendre n'importe quelle forme. La partie SI représente une ou plusieurs conditions et la partie ALORS représente une ou plusieurs actions à accomplir lorsque sont remplies les conditions. Des exemples de telles règles de production sont SI *3* x *8*, ALORS *24*, SI *nom au pluriel*, ALORS *mettre un s*, SI *mal de tête*, ALORS *prendre aspirine*, SI *le feu est rouge*, ALORS *s'arrêter*, etc.

Un tel modèle est assez puissant pour expliquer les phénomènes mnésiques les plus robustes. Ainsi, par exemple, il est aisé de comprendre comment l'effet de répétition de maintien peut entraîner de meilleures performances. La répétition aura créé une meilleure représentation en MLT de l'item cible. Cette représentation, stockée dans un nœud, aura un niveau d'activation de base plus faible (i.e., il faudra moins d'activation pour que ce nœud soit activé en MDT). Les items moins répétés ayant un niveau d'activation de base élevé, il sera plus difficile de les rendre actifs en MDT et donc de les restituer. De la même manière, la profondeur de traitement de l'information non seulement crée une représentation en MLT plus précise et distincte des items profondément traités, mais également plus riche. Cette représentation plus riche comporte plus d'indices qui vont fournir des aides précieuses au moment de la récupération. Aussi, davantage d'activation va converger vers les items cibles recherchés.

## NOTIONS

- mémoire rétrospective/mémoire prospective
- mémoire épisodique/mémoire sémantique
- mémoire explicite/mémoire implicite
- mémoire déclarative/mémoire procédurale
- effet de répétition mentale de maintien
- effet de la profondeur de traitement de l'information
- effet de contexte
- effet de fan
- effet de la question inductrice
- effet d'organisation hiérarchique
- effet d'organisation schématique
- théorie ACT
- règle de production.

## QUESTIONS POUR DE MÉMORISATION

1. Définir mémoire rétrospective/mémoire prospective ; mémoire épisodique/mémoire sémantique ; mémoire explicite/mémoire implicite ; mémoire déclarative/mémoire procédurale.
2. Décrire le déroulement d'une expérience de psychologie cognitive sur la mémoire.
3. Décrire les effets de répétition mentale de maintien et de la profondeur de traitement de l'information.
4. Qu'appelle-t-on effet de contexte et effet de fan ?
5. Que signifie le fait que les tâches d'encodage et de rappel interagissent ?
6. Qu'appelle-t-on effet de la question inductrice ?
7. Définir l'effet d'organisation hiérarchique et l'effet d'organisation schématique.
8. Décrire la théorie ACT d'Anderson
9. Qu'est-ce qu'une règle de production ?
10. Les informations sémantiques et épisodiques sont-elles représentées de la même manière en mémoire à long terme ?

## QUESTIONS DE RÉFLEXION

1. Supposons que vous vouliez évaluer la part relative de la répétition mentale de maintien et de la répétition mentale d'élaboration dans les performances mnésiques des participants. Comment vous y prendriez-vous ?
2. Pensez-vous que, lorsqu'ils ont à mémoriser une liste de mots, les participants mettent en œuvre des processus de répétition mentale de maintien ou d'élaboration avec tous les mots de la liste ou que, sur certains mots, ils utilisent une approche tandis qu'ils en utilisent une autre sur les autres mots ? Quels types d'études permettraient de le déterminer ?
3. Construire un mini-système de production permettant de calculer la somme de deux nombres à deux chiffres.

# CHAPITRE 4
# Le raisonnement

**SOMMAIRE**


1. Définition, distinction et limite
2. Tâches utilisées
3. Effets expérimentaux
4. Théories générales du raisonnement

# 1. DÉFINITION, DISTINCTION ET LIMITE

***Définition.*** Raisonner, c'est comprendre les implications d'un ensemble d'informations. L'objectif des psychologues est de déterminer par quels mécanismes mentaux nous arrivons à comprendre ces implications.

***Distinctions.*** Les psychologues distinguent deux types de raisonnement, le raisonnement déductif et le raisonnement inductif. Le raisonnement déductif consiste à tirer des conclusions vraies et valides à partir d'informations vraies. Le raisonnement inductif consiste à inférer une règle générale à partir d'exemples particuliers. Par exemple, décider de travailler beaucoup pour réussir ses examens, à partir du fait (connu) que travailler beaucoup augmente ses chances de réussite aux examens est une décision à laquelle chacun aboutit en faisant du raisonnement déductif. Par exemple encore, savoir que « fumer tue » devrait entraîner de nombreuses personnes soit à s'arrêter de fumer, soit à ne pas commencer. En revanche, en observant comment se comportent des convives à table dans une autre culture et adopter la même attitude implique du raisonnement inductif. Par exemple enfin, penser que tous les animaux à plumes volent à partir de quelques animaux à plumes en train de voler revient à faire du raisonnement inductif.

***Limites.*** La distinction entre raisonnement déductif et raisonnement inductif peut être parfois artificielle dans la mesure où de nombreuses situations requièrent de mettre en œuvre des inférences déductives et inductives conjointement. Pour savoir s'il existe deux types de raisonnement radicalement différents, il faudrait disposer de preuves expérimentales (avec certaines variables affectant un type de raisonnement et pas l'autre, et inversement pour d'autres variables), cliniques (avec des patients affectés dans un type de raisonnement et pas l'autre, et inversement pour d'autres patients), développementales (avec des vitesses d'évolution/involution différentes pour chaque type de raisonnement), et des données de neuro-imagerie (certaines zones cérébrales plus massivement activées pour un type de raisonnement et d'autres zones plus activées par l'autre type de raisonnement) et de simulations (avec des paramètres différents pour chaque type de raisonnement). L'ensemble de ces arguments n'a pas encore été entièrement établi.

## 2. TÂCHES UTILISÉES

Bien que la distinction entre raisonnement déductif et inductif soit un peu artificielle, elle a donné lieu à des traditions de recherche relativement séparées, notamment au niveau des tâches mises au point pour comprendre les processus inférentiels. Ainsi, différentes tâches ont été mises au point pour différents types de raisonnement. Par exemple, des tâches de raisonnement conditionnel ou de raisonnement syllogistique ont fréquemment été utilisées pour étudier le raisonnement déductif, tandis que des tâches de test d'hypothèse ou de catégorisation ont souvent été mises au point pour comprendre le raisonnement inductif.

***Tâches utilisées en raisonnement déductif.*** Dans une tâche de raisonnement conditionnel, les participants voient des énoncés (qu'on appelle des prémisses) desquels ils doivent tirer des conséquences ou implications. Par exemple, ils verront *Si le temps menace, alors je prends mon parapluie. Or, le temps menace.* Ils devront alors déduire *Je prends mon parapluie*. Pour des énoncés aussi simples, les conclusions paraissent évidentes. Pour d'autres énoncés, ou pour les mêmes énoncés dans des situations particulières, les conclusions sont moins aisées. Ainsi, les énoncés conditionnels peuvent prendre plusieurs formes. Ces formes sont définies par la logique formelle. On distingue en particulier quatre formes : le modus ponens (*Si A implique B ; A ; Donc B*) ; le modus tollens (*Si A implique B ; non B. Donc, non A*) ; le déni de l'antécédente (*Si A implique B ; non A ; impossible à conclure*) et l'affirmation de la conséquente (*Si A implique B ; B ; impossible à conclure*).

Dans une tâche de raisonnement syllogistique, les participants voient des énoncés (qu'on appelle aussi des prémisses) desquels ils doivent aussi déduire des conséquences ou implications. Les syllogismes contiennent des quantificateurs (i.e., termes comme « tout », « aucun », « certains »). Ainsi, par exemple, un syllogisme très connu est *Tous les hommes sont mortels. Socrate est un homme. Donc, Socrate est mortel.* Comme dans le cas des énoncés conditionnels, il existe plusieurs formes de syllogismes, selon le ou les quantificateurs utilisés dans les prémisses (toutes les combinaisons aboutissent à 512 syllogismes, dont 27 seulement sont valides). Voici quelques exemples de syllogismes : « *Tous les musiciens sont des artistes. Tous les artistes sont amoureux.* » ; « *Tous les artistes sont des musiciens. Tous les amoureux sont des artistes.* » ; « *Tous les musiciens sont des artistes. Tous les amoureux sont des artistes.* » ; « *Tous les artistes sont des musiciens. Tous les artistes sont amoureux.* ». Certaines tâches de raisonnement déductif sont des tâches de production (où les participants doivent trouver eux-mêmes la conclusion) ; d'autres tâches sont des tâches de vérification (où les participants doivent dire si une conclusion proposée est vraie ou fausse).

***Tâches utilisées en raisonnement inductif.*** Dans des tâches de catégorisation, les participants voient différents exemplaires d'une ou plusieurs catégories. Les participants doivent trouver la catégorie cible. Par exemple, dans la tâche du tri de cartes de Wisconsin (Wisconsin Sorting Card Task ; WCST), les participants voient des planches sur lesquelles apparaissent des séries de figures géométriques (e.g., ronds, carrés, triangles, losanges). Ces figures peuvent être de taille et de couleur différentes, et leur nombre peut varier. Le participant doit trouver la catégorie des figures à laquelle pense l'expérimentateur (e.g., petit losange). Pour cela, le sujet indique une figure sur une planche et l'expérimentateur dit au participant si oui ou non la figure fait partie de la catégorie de figures à laquelle il pense. Au bout d'un certain nombre de cartes, l'expérimentateur peut changer de catégorie (e.g., grand rond).

Il existe plusieurs types de tâches du test d'hypothèses pour étudier le raisonnement inductif. L'un des tests les plus célèbres est le test des matrices de Raven (voir Figure 1). Dans ce test, les participants voient des planches contenant neuf figures ayant ou non un lien. La neuvième figure est manquante. Les sujets doivent indiquer laquelle, parmi un autre ensemble de figures proposées, correspond à la figure manquante. Pour effectuer cette tâche, les participants doivent extraire une règle qui gouverne la formation des figures de la planche à compléter et appliquer cette règle. Un autre exemple de tâche de complètement de séries est celle où les participants voient une suite de nombres (ou de lettres) et doivent la compléter. Par exemple, ils doivent dire quel nombre poursuit la série suivante « 16-32-28-56-54-108- » (réponse : 107) ou quelle lettre continue la série suivante « A-E-I- » (réponse : O).

Dans la tâche du 2-4-6, mise au point par Wason (1960), aussi fréquemment utilisée dans les recherches sur le raisonnement inductif, les participants ont à découvrir une règle générale. Le triplet 2-4-6 est un exemple de cette règle. Pour découvrir cette règle, les participants doivent proposer des triplets

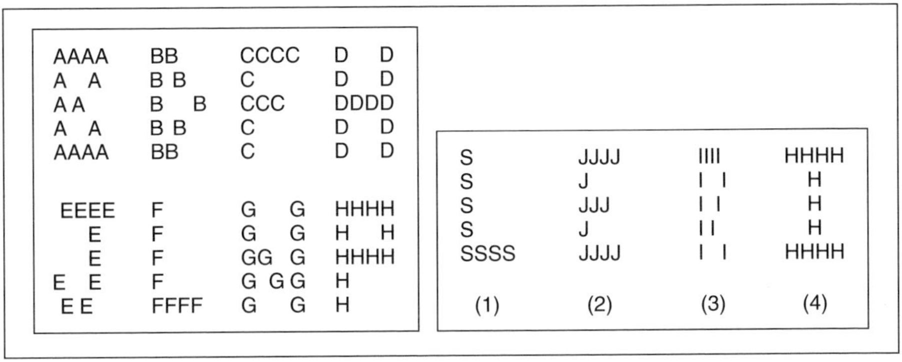


**FIGURE 1**

***Exemple d'item au test des matrices de Raven.***

Dans ce test, les participants doivent sélectionner parmi les 8 figures du bas proposées laquelle complète la série du haut. Ici, les participants doivent choisir le carré rayé (item 3) pour compléter la série.

à propos desquels l'expérimentateur répondra *Oui, ce triplet obéit à la règle* ou *Non, ce triplet n'obéit pas à la règle*. A la réponse de l'expérimentateur, le participant peut soit proposer un autre triplet, soit dire la règle s'il l'a trouvée. S'il propose un autre triplet, l'expérimentateur lui dira si ce dernier obéit ou non à la règle. S'il propose une règle, l'expérimentateur lui indiquera s'il s'agit de la bonne règle ou pas.

Dans la tâche du repas empoisonné, les participants lisent la consigne suivante *Un repas comporte quatre plats (A, B, C, D). Par exemple, entrée, viande, légume et dessert. Pour chaque plat, deux nourritures peuvent être choisies. Par exemple, en entrée, il est possible de choisir crudités ou charcuterie. Certains repas sont empoisonnés. Ceci peut être déterminé par le type de nourriture choisi pour chaque plat. Trouver la nourriture empoisonnée*. Là encore, le participant pose des questions auxquelles l'expérimentateur répond par *Oui* ou par *Non*.

Enfin, dans la tâche des 20 questions, qui existe sous plusieurs variantes, l'expérimentateur dispose en lignes et en colonnes des cartes devant le participant. Sur chaque carte est représenté un objet (e.g., un vélo, une voiture). L'expérimentateur dit au participant qu'il pense à une carte. Le participant doit trouver cette carte. Pour cela, il pose à l'expérimentateur des questions auxquelles celui-ci ne peut répondre que par *oui* ou par *non*. Ce type de tâche est une reconstruction en laboratoire des jeux radio-télévisés dans lesquels l'auditeur gagne une voiture s'il en a trouvé le prix (ce type de jeu repose en effet sur du raisonnement inductif).

## 3. EFFETS EXPÉRIMENTAUX

Il existe de nombreux effets expérimentaux dans la littérature sur le raisonnement. Les effets les plus robustes concernent la structure du matériel, la familiarité avec le contenu et les stratégies utilisées.

***Effets de la structure du matériel.*** Comme nous l'avons vu dans la description des tâches de raisonnement déductif et inductif, les problèmes qu'ont à résoudre les participants varient dans leur forme et leur complexité. Ainsi, en raisonnement conditionnel, les participants peuvent avoir à raisonner sur des situations ou des énoncés mettant en œuvre le modus ponens, le modus tollens, le déni de l'antécédente et l'affirmation de la conséquente, ces énoncés pouvant être affirmatifs ou négatifs. Dans de nombreuses études, le type d'énoncé est apparu un important déterminant des performances de raisonnement chez les participants. Comme le montrent les résultats à plusieurs de ces études, résumés à la Figure 2, les participants réussissent presque toujours une situation où l'énoncé est un modus ponens. En revanche, ils ont beaucoup plus de mal avec le déni de l'antécédente et l'affirmation de la conséquente ou le modus tollens. Ainsi, il sera plus facile pour les participants de conclure que *Pierre aime Marie*, à partir des prémisses suivantes *Si Pierre a le sourire, c'est qu'il aime Marie. Or, Pierre a le sourire* que de conclure que *Pierre n'a pas le sourire* à partir des prémisses suivantes : *Si Pierre a le sourire, c'est qu'il aime Marie. Or, il n'aime pas Marie.* Il leur est même encore plus difficile de dire qu'il est impossible de tirer une conclusion valide à partir des prémisses suivantes *Si Pierre a le sourire, c'est qu'il aime Marie. Or, Pierre n'a pas le sourire.* ou *Si Pierre a le sourire, c'est qu'il aime Marie. Or, Pierre aime Marie.* Bien souvent, les participants concluent que *Pierre n'aime pas Marie* ou que *Pierre a le sourire* pour les deux derniers énoncés conditionnels. Ces résultats sont également observés dans des tâches de raisonnement syllogistique.

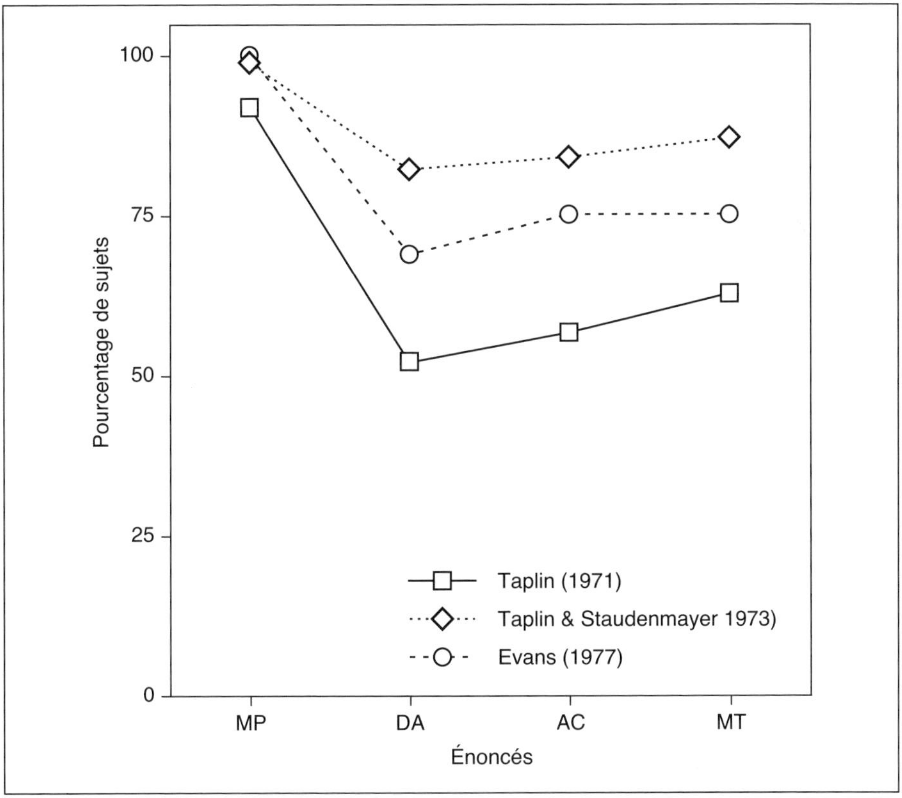


FIGURE 2

***Pourcentages de sujets réussissant des énoncés conditionnels dans trois études et expliquant l'inégale difficulté des différents énoncés. Ces pourcentages comparent les résultats dans la condition où la prémisse majeure est de la forme « Si A, alors B ». (MP = Modus Ponens ; MT = Modus Tollens ; DA = Déni de l'Antécédente ; AC = Affirmation de la conséquente).***

La structure du matériel affecte aussi les performances dans les tâches de raisonnement inductif. Par exemple, dans les tâches de complètement de séries, où les participants doivent indiquer le nombre qui poursuit une série de nombres, la complexité de la règle régissant les relations entre les nombres affecte les performances des participants. Ainsi, dans leur étude, Salthouse et Prill (1987) ont donné trois types de suites numériques à compléter : (a) faciles : 19-22-25-28-31 ; (b) moyennement difficiles : 63-91-65-94-67 ; et (c) difficiles : 84-66-52-42-36. Les auteurs ont observé que les taux de réussite et les vitesses de réponse diminuent avec la complexité des suites. Les participants étaient plus rapides et obtenaient de meilleurs scores pour les suites faciles que pour les suites moyennement difficiles, elles-mêmes mieux réussies et résolues plus vite que les suites difficiles.

Les mêmes effets de structure du matériel ont été obtenus dans toutes les tâches de test d'hypothèse ou de catégorisation. Dans ces tâches, plus le nombre de dimensions à prendre en compte pour réussir la tâche est élevé, plus la tâche est difficile pour les participants. Par exemple, Salthouse (1992) a manipulé le nombre de prémisses dans les problèmes de raisonnement déductif suivants : (a) problèmes à une prémisse : *C et D vont dans le même sens. Si C augmente, est-ce que D diminue ?* (b) problèmes à deux prémisses : *H et I vont dans le même sens ; G et H vont dans un sens opposé. Si G augmente, est-ce que I diminue ?* (c) problèmes à trois prémisses : *W et X vont en sens opposé. V et W vont dans le même sens. X et Y vont en sens opposé. Si V augmente, est-ce que Y augmente aussi ?* Il a observé des taux de réussites de 96 %, 85 % et 78 % pour les problèmes à une, deux et trois prémisses respectivement.

***Effets de familiarité avec le contenu.*** Les caractéristiques logiques et la structure du matériel ne sont pas les seuls facteurs à affecter les performances des participants. Parfois même, ces facteurs n'ont aucun effet. C'est le cas par exemple lorsque les situations sur lesquelles porte le raisonnement sont très familières aux participants. Dans ce cas, la structure du matériel n'affecte pas le raisonnement, car les participants réussissent la tâche aisément (vraisemblablement en récupérant des schémas de solution en mémoire plutôt qu'en mettant en œuvre des inférences). La démonstration d'une réussite à une situation familière formellement identique à une situation non familière à laquelle les participants échouent massivement est illustrée par la tâche des 4 cartes, mises au point par Wason (1966).

Dans la tâche des 4 cartes, vue également comme permettant d'étudier le raisonnement scientifique, les participants voient 4 cartes devant eux. Chaque carte comporte une lettre sur l'un de ses côtés et un chiffre sur l'autre. Deux cartes laissent apparaître une lettre (E et K) et deux montrent un chiffre (4, 7). L'expérimentateur explique aux participants qu'ils doivent retourner le moins de cartes possibles pour savoir si la règle suivante est vraie ou fausse *Si une carte comporte une voyelle sur une face, alors elle a un nombre pair sur l'autre*. Les 2 cartes qu'il est nécessaire de retourner sont la carte portant E et 4, puisque ce sont les deux cartes qui permettent de falsifier la règle dans les cas où se trouvent un chiffre pair derrière le E et une consonne derrière le 4. Dans cette situation, moins de 5 % des participants réussissent à retourner les deux cartes appropriées. En revanche, si l'on remplace les 4 cartes avec des lettres et des nombres par 4 enveloppes (une collée, une non collée, une avec un timbre de 40 lires et la dernière avec un timbre de 50 lires) et que les participants doivent déterminer quelles enveloppes retourner pour tester la règle *Si une enveloppe est collée, alors elle a un timbre de 50 lires*, le taux de réussites passe de 4 % à 88 %. Cette situation était familière aux participants italiens de cette étude de Johnson-Laird *et al.* (1972).

***Effets des stratégies de raisonnement.*** Le type de stratégies (ou suites des processus cognitifs, ou approches ou méthodes de raisonnement) utilisées par les participants affectent leurs performances aussi bien en raisonnement déductif qu'en raisonnement inductif. L'exemple du raisonnement verbal peut illustrer comment les performances des participants varient selon les stratégies utilisées. Dans cette tâche de raisonnement verbal (Reichle *et al.*, 2000), les participants voyaient sur un écran d'ordinateur d'abord une phrase décrivant un arrangement d'objets (e.g., *Le carré est au dessus du triangle*), puis une image. Les phrases pouvaient être actives ou passives, affirmatives ou négatives. Certaines images vérifiaient les énoncés ; d'autres les falsifiaient. Pour déterminer si la phrase décrivait bien l'image des deux objets, les participants pouvaient utiliser deux stratégies : une stratégie verbale et une stratégie imagée. La stratégie verbale consistait à lire l'énoncé et attendre l'apparition de l'image avant de comparer l'énoncé et l'image. La stratégie imagée consistait à se fabriquer une image mentale de l'arrangement des deux objets dès la lecture de la phrase, puis à comparer l'image construite avec l'image des deux objets présentée sur l'écran. Les temps de réponse des participants, apparaissant à la Figure 3, montrent très clairement que la stratégie utilisée affecte les performances des participants quel que soit l'énoncé testé.

L'effet du type de stratégie a également été observé dans différentes tâches de raisonnement inductif. Ainsi, par exemple, dans la tâche du 2 – 4 – 6 (où les participants doivent trouver la règle à laquelle obéissent ce triplet), les participants utilisent fréquemment une stratégie de confirmation (aussi appelée biais de confirmation ou biais de positivité). Ils proposent en effet des triplets qui confirment les hypothèses qu'ils sont en train de tester. Si, par exemple, ils testent la règle « + 2 » (i.e., un nombre est le nombre précédent + 2), ils vont avoir tendance à proposer un triplet qui respecte cette règle (e.g., 1-3-5), plutôt qu'un triplet qui infirme la règle (e.g., 1 – 4 – 5).

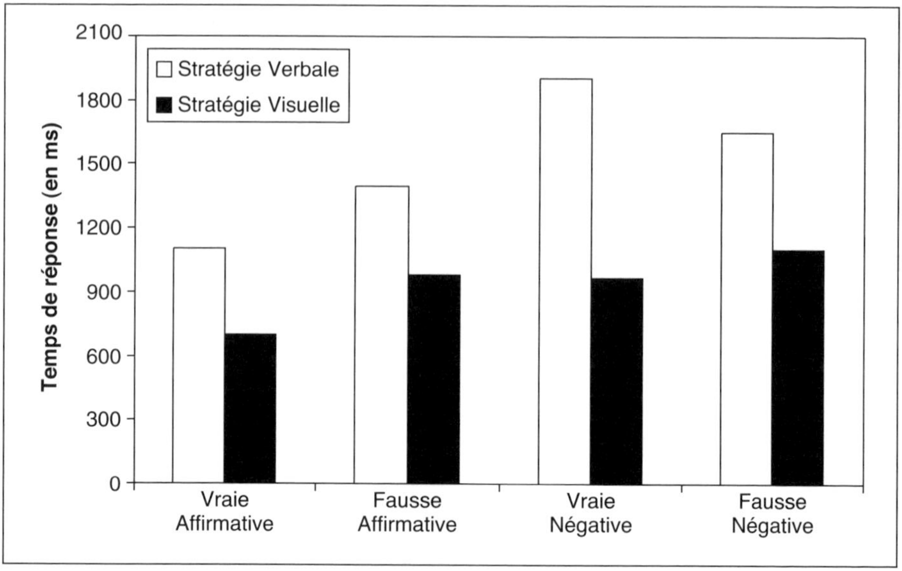


**FIGURE 3**

***Temps de réponse (en ms) dans une tâche de raisonnement verbal selon le type de stratégie utilisée pour chaque condition (d'après Reichle et al., 2000).***

L'existence de plusieurs stratégies a aussi été établie dans la tâche des 20 questions où les participants doivent trouver la carte à laquelle pense un expérimentateur parmi un ensemble de cartes disposées en lignes et en colonnes (Hartley et Wilson, 1983). En effet, les participants utilisent une stratégie optimale, sub-optimale ou non-optimale. La stratégie optimale consiste à diviser l'espace des incertitudes en deux à chaque question en demandant par exemple si la carte cible se trouve dans la moitié supérieure. La stratégie sub-optimale réduit de manière moins importante l'espace des incertitudes (i.e., en demandant par exemple si la carte cible se trouve dans la première colonne). Une stratégie non optimale ne réduira quasiment pas — ou très peu — l'espace des incertitudes à chaque question posée, comme lorsque le participant demande, par exemple, si la carte cible se trouve dans la première ligne et la deuxième colonne. Enfin, l'existence de plusieurs stratégies a également été observée dès les premières études sur la catégorisation, conduites par Bruner et ses collaborateurs (1956). Ainsi, pour déterminer si un exemplaire fait partie d'une catégorie cible, les participants peuvent utiliser une stratégie multi-attributs (i.e., ils testent plusieurs attributs en même temps) ou uni-attribut (i.e., ils cherchent à savoir si l'exemplaire testé comporte un attribut cible de la catégorie).

# 4. THÉORIES GÉNÉRALES DU RAISONNEMENT

Il existe deux grandes familles de théories du raisonnement qui se différencient sur plusieurs plans. Il s'agit de la théorie (ou des théories) de la logique mentale (TLM) et de la théorie (ou des théories) des modèles mentaux (TMM). Chacune de ces théories est suffisamment générale pour décrire comment nous raisonnons ; elle comporte également un ensemble d'instanciations propres à différents types de raisonnement ou à des tâches particulières de raisonnement. Les grandes étapes de traitement postulées par chacune de ces théories sont illustrées par la Figure 4.

## 4.1 Théorie de la logique mentale (TLM)

La TLM proposée à l'origine par Braine et O'Brien se caractérise par plusieurs postulats qui peuvent se résumer de la manière suivante :

- *Postulat 1* : Raisonner met en œuvre plusieurs étapes de traitement (cf. Figure 4, panneau de droite). D'abord, il s'agit d'encoder les données du problème (les prémisses), c'est-à-dire s'en construire une représentation mentale en MDT. Puis, le système cognitif sélectionne et applique les règles (adéquates) de la logique formelle. Enfin, le système fournit une réponse.
- *Postulat 2* : L'encodage des informations met en œuvre des mécanismes de compréhension, comme les mécanismes de compréhension du langage. Ces mécanismes permettent de représenter l'information sous forme propositionnelle (i.e., dans un format abstrait du type *Si A alors B* qui dépasse les particularités de formulation).
- *Postulat 3* : La représentation propositionnelle permet d'activer plusieurs règles de la logique formelle et de sélectionner, parmi ces règles, celle (ou celles) appropriée(s), comme le modus ponens ou le modus tollens. Certains problèmes de raisonnement nécessitent de combiner plusieurs règles (ces problèmes sont en conséquence plus difficiles que les problèmes pour lesquels une seule règle formelle est directement applicable).

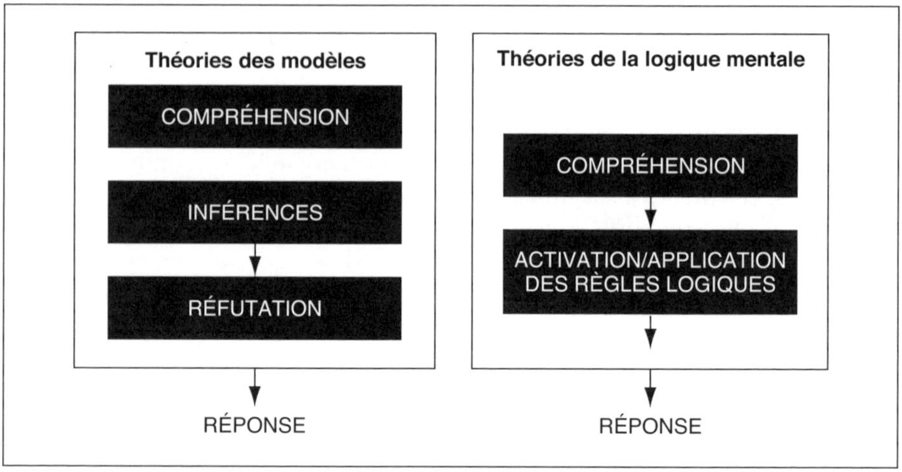


FIGURE 4

- *Postulat 4* : Les conclusions obtenues après application de la règle sont transformées en formulation analogue aux conclusions qu'il est possible de tirer des règles formelles appliquées. Ainsi, si le modus tollens est appliqué, la conclusion particulière aura la forme *Donc non A*.
- *Postulat 5* : Il existe un ensemble de stratégies qui coordonnent une chaîne d'inférences et sélectionnent la règle à appliquer. Cette chaîne est considérée comme une preuve mentale ou une dérivation de la conclusion. Si aucune règle n'est disponible, les participants vont appliquer une règle non logique (e.g., « *ça doit être quelque chose comme ça* »).

Comme il est aisé de le voir, dans le cadre de la théorie de la logique mentale, les erreurs peuvent provenir soit de la compréhension (i.e., les prémisses et la conclusion donnent lieu à une représentation erronée), soit de l'utilisation inappropriée d'une heuristique (i.e., mauvaise exécution de la chaîne d'inférences), soit enfin des limites du système cognitif (e.g., insuffisance de ressources mentales aboutissant à des erreurs d'inattention).

La TLM est une théorie intéressante car elle rend compte d'un certain nombre de phénomènes (e.g., les problèmes requérant une chaîne d'inférences, pour lesquels il faut combiner plusieurs règles, sont plus difficiles que les problèmes sur lesquels une règle de la logique formelle peut être directement appliquée). Elle est aussi séduisante par le postulat selon lequel les règles de la logique formelle existent dans le cerveau ; ce sont les conditions de la tâche ou les caractéristiques (e.g., différences de capacités de traitement) qui rendent difficiles leur application correcte. En revanche, elle souffre d'un certain nombre de limites. Par exemple, la TLM n'explique pas certains phénomènes, comme l'effet de familiarité des contenus. Par exemple encore, elle n'a pas fait l'objet de simulations informatiques aussi détaillées et systématiques que la TMM, ce qui enlève aux postulats un certain niveau de précision et de détail.

## 4.2 Théorie des modèles mentaux (TMM)

Comme la TLM, la TMM, proposée par Johnson-Laird et ses collaborateurs, peut être présentée sous la forme d'un ensemble de postulats.

- *Postulat 1* : Raisonner met en œuvre une suite de processus cognitifs ou étapes de traitement (cf. Figure 4, panneau de gauche). D'abord, il s'agit d'encoder les données du problème (les prémisses), c'est-à-dire s'en construire une représentation mentale en MDT afin de comprendre les prémisses. Puis, le système cognitif fait des inférences en construisant une image mentale d'exemples particuliers décrits par les prémisses. Ensuite, le système tente de réfuter une première conclusion, en pensant à des contre-exemples. Enfin, le système fournit une réponse.
- *Postulat 2* : La compréhension mobiliserait nos connaissances sur le langage et sur le monde et ne serait donc pas indépendante de tout contexte. Cette connaissance serait particulièrement importante dans l'établissement des relations entre les différents éléments d'une prémisse. Par exemple, la prémisse *Si tous les éléphants roses mangeaient des carottes, alors les tomates seraient bleues en automne* serait difficile à se représenter car contraire à nos connaissances sur les éléphants, les carottes, les tomates et l'automne. Une telle prémisse rendrait également plus difficile les inférences et la réfutation.
- *Postulat 2* : Selon la TMM, les inférences consistent à construire des modèles mentaux (ou s'imaginer ou se représenter) de la situation décrite par les prémisses. Ces modèles mentaux sont une collection d'individus ou d'exemples illustratifs de la prémisse. Ainsi, la prémisse *Certains musiciens sont des artistes* aboutirait à s'imaginer un premier musicien artiste, puis un second, éventuellement un troisième ou plus.
- *Postulat 3* : L'une des étapes clés est la réfutation au cours de laquelle le participant chercherait à falsifier une première conclusion en s'imaginant des instances violant la règle testée. Ainsi, par exemple, le participant pourrait tenter de réfuter la prémisse *Si Michel a le sourire, c'est qu'il est amoureux* en s'imaginant que Michel a le sourire sans être amoureux. Cette étape peut être itérative, c'est-à-dire que les processus de dérivation de conclusion et réfutation peuvent se répéter jusqu'à ce que le participant ne puisse penser à aucun autre contre-exemple.
- *Postulat 4* : Il existe un ensemble de stratégies, tant pour dériver des conclusions des prémisses que pour tenter des falsifications et trouver des contre-exemples à la règle testée. Certaines stratégies consisteront à se représenter les prémisses et leurs implications sous forme verbale,

d'autres sous formes de diagrammes, d'autres encore sous forme visuelle en MDT.

Selon la TMM, les erreurs de raisonnement peuvent avoir plusieurs sources : mauvaises représentation/compréhension des prémisses dues à un défaut d'encodage, dérivation défaillante des conclusions des prémisses, ou bien encore recherche défectueuse de contre-exemples falsifiant la règle testée. Les caractéristiques du système cognitif (e.g., capacités de la MDT) contribuent également aux erreurs.

L'intérêt de la TMM est multiple. Elle n'a pas besoin de postuler que les règles de la logique formelle sont innées dans le cerveau ; elle a fait l'objet d'implémentations informatiques dont les résultats simulent assez bien les phénomènes empiriques modélisés ; elle permet de formuler de nombreuses prédictions aussi bien à un niveau général du raisonnement qu'aux niveaux de tâches particulières ou de formes spécifiques du raisonnement.

En résumé, il existe deux familles de théories générales du raisonnement (la TLM et la TMM) qui comportent des points communs et des différences. Les deux familles de théories conçoivent le raisonnement comme mettant en œuvre une suite d'étapes de traitement, chacune pouvant donner lieu à des sources d'erreurs ; les deux théories postulent un rôle clé des mécanismes de compréhension (y compris de compréhension du langage) ; elles sont toutes les deux des théories générales qui peuvent s'instancier dans différentes formes de raisonnement et expliquer diverses tâches. Elles diffèrent toutefois à deux niveaux : celui du détail des explications et celui de la nature des activités de raisonnement. La TMM est plus précise et spécifique, ce qui a conduit à la possibilité de simuler informatiquement cette théorie. Enfin, la TLM envisage le raisonnement comme l'application de règles formelles, tandis que la TMM explique le raisonnement en termes de mécanismes de représentation mentale des prémisses et de leurs implications (notamment sous formes d'exemples illustratifs et de contre-exemples). Il est difficile à l'heure actuelle de savoir si une seule de ces théories représente la vérité, même si des travaux plus nombreux sont conduits avec la TMM (mais le nombre ne fait pas la vérité). Il reste possible que, lorsque nous faisons du raisonnement, de temps en temps, nous mettions en œuvre les règles de la logique formelle et, de temps en temps, nous construisions des modèles mentaux.

## NOTIONS

- raisonnement déductif
- raisonnement inductif
- raisonnement conditionnel
- raisonnement syllogistique
- tâche des quatre cartes
- tâche du repas empoisonné
- tâche du 2-4-6
- effets de la structure du matériel
- effet de la familiarité avec le contenu
- théorie de la logique mentale
- théorie des modèles mentaux

## QUESTIONS DE MÉMORISATION

1. Qu'est-ce que raisonner ? Qu'appelle-t-on raisonnement inductif et raisonnement déductif ?
2. Qu'est-ce que le raisonnement syllogistique ? Quel type de raisonnement permet-il d'étudier ?
3. Qu'est-ce que le raisonnement conditionnel ?
4. Décrire les tâches utilisées pour étudier le raisonnement déductif ?
5. Quelles tâches sont utilisées pour étudier le raisonnement inductif ?
6. Qu'appelle-t-on effet de la structure du matériel ?
7. Définir l'effet de la familiarité avec le contenu.
8. Qu'est-ce que l'effet des stratégies de raisonnement ?
9. Quels sont les postulats de la théorie de la logique mentale ?
10. Décrire la théorie des modèles mentaux.

## QUESTIONS DE RÉFLEXION

1. Soit la grille de SUDOKU suivante :

| | | | | | | | | |
|---|---|---|---|---|---|---|---|---|
| 9 | 8 | | | | 6 | 3 | | |
| | | | 3 | | 7 | 5 | 2 | |
| | 2 | 3 | | 5 | | 4 | | 9 |
| 1 | 6 | 2 | | | 4 | 9 | | 5 |
| 8 | | | 6 | | 5 | | | 3 |
| 5 | | 4 | 2 | | | 6 | 7 | 1 |
| 3 | | 1 | | 6 | | 8 | 9 | |
| | 4 | 9 | 8 | | 3 | | | |
| | | 8 | 9 | | | | 3 | 2 |

   Remplissez les cases vides avec un nombre en respectant la règle suivante : chaque colonne, chaque ligne et chaque rectangle doit contenir tous les nombre de 1 à 9 (une seule fois). A votre avis, quels sont les processus cognitifs à mettre en œuvre pour réussir ce jeu ? Donnez le à faire à quelques personnes autour de vous et recueillez leurs protocoles verbaux. Les données des protocoles verbaux s'accordent-elles avec votre analyse de la tâche ?

2. En quoi les tâches du repas empoisonné et de poursuite de séries numériques peuvent être considérées comme des tâches pertinentes pour étudier le raisonnement inductif ?

3. Comment testeriez-vous l'hypothèse selon laquelle la mise en œuvre de stratégies verbales et visuelles dépend non seulement de la structure des problèmes mais aussi des habiletés (verbales vs. visuelles) des participants ?

CHAPITRE 5

# Jugement de probabilités et prise de décision

**SOMMAIRE**

1. Définitions et tâches
2. Effets expérimentaux importants
3. Théories des jugements probabilistes et de la prise de decision

# 1. DÉFINITIONS ET TÂCHES

## 1.1 Définitions et distinctions

Nous prenons quotidiennement de nombreuses décisions. Certaines comportent des risques connus, d'autres des risques inconnus, d'autres encore ne comportent aucun risque. Certaines décisions sont difficiles à prendre (car impliquant de nombreux paramètres), d'autres sont simples. Presque toutes les décisions requièrent d'évaluer la probabilité de différents événements, comme la probabilité des conséquences associées à chaque décision. La prise de décision implique donc des jugements de probabilité. Cette évaluation peut être cruciale. Par exemple, prendre la décision d'avoir des relations sexuelles non protégées avec des inconnu(e)s peut résulter d'une mauvaise évaluation des risques de maladie sexuellement transmissibles.

On pourrait différencier les types de décision d'après leur coût cognitif (i.e., quantité de ressources attentionnelles requises). En fait, on les distingue sur la base de la certitude des conséquences.

- *Décisions sous certitude*. Ces sont les décisions dont nous connaissons et sommes certains des conséquences. Par exemple, en prenant un manteau le matin en hiver (plutôt que de prendre simplement un pull), je suis sûr d'avoir moins froid.
- *Décisions sous incertitude*. Ce sont les décisions dont nous ne connaissons pas précisément les conséquences. Par exemple, travailler beaucoup à l'université augmente nos chances de réussite aux examens, mais il est impossible de dire si travailler trois fois plus multiplie ses chances par 3.
- *Décisions à risque*. Ce sont les décisions dont les conséquences sont connues ainsi que les probabilités de ces conséquences. Par exemple, un programme du traitement social du chômage qui aurait 15 % de chances de réduire le chômage de 10 % aurait une conséquence (i.e., réduction de 10 % du chômage) et sa probabilité (i.e., 15 % de chances) connues.

## 1.2 Tâches utilisées

Pour étudier les jugements de probabilité et la prise de décision, les psychologues ont mis au point plusieurs types de tâches : des tâches d'estimation, des tâches de pari et des tâches de jugement.

- *Tâches d'estimation.* Dans ces tâches, les participants voient plusieurs événements se dérouler et doivent en estimer la fréquence respective. Par exemple, l'expérimentateur tire d'une urne des boules rouges et des boules vertes devant les participants qui doivent dire quel était le pourcentage de boules rouges dans cette urne.
- *Tâches de pari.* Les participants se voient proposer un pari avec deux ou trois options parmi lesquelles ils doivent en choisir une. Par exemple, l'expérimentateur demande aux participants s'ils préfèrent avoir 95 % de chances de gagner 1000 Euros et 5 % de chances de perdre 20 Euros que d'avoir 94 % de chances de gagner 1200 Euros et 6 % de chances de perdre 25 Euros.
- *Tâches de jugement.* Les participants voient plusieurs événements. L'expérimentateur propose des probabilités d'occurrence des différents événements, et les participants doivent dire si oui ou non les probabilités proposées sont exactes. Par exemple, l'expérimentateur va, devant les participants, tirer d'une urne des boules de différentes couleurs et proposer aux participants des probabilités d'occurrence des boules de chaque couleur. Les participants devront dire si les probabilités proposées sont exactes.

# 2. EFFETS EXPÉRIMENTAUX IMPORTANTS

## 2.1 Effets en jugement de probabilité

De nombreux effets expérimentaux, répliqués dans beaucoup de recherches, ont montré que nous avons des difficultés à raisonner sur des probabilités. Les effets ici retenus sont les biais de sur- et sous-estimation, les effets de contexte, les biais de représentativité, les erreurs de conjonction et les erreurs sur la taille des échantillons.

***Biais de sur- et sous-estimation.*** Les jugements de probabilité sont influencés par le nombre absolu des événements à évaluer. De manière générale, nous avons tendance à sous-estimer les événements fort probables (comme les accidents de la route) et à sur-estimer les événements moins probables (comme les accidents d'avion).

***Effets de contexte.*** Les jugements de probabilité sont influencés par les contextes des événements à juger. Dans une expérience, Kahneman et Tversky (1973) ont construit 4 listes comportant 39 noms chacune (20 hommes et 19 femmes). Dans la moitié des listes, le nom des hommes était célèbre (e.g., R. Nixon). Dans l'autre moitié des listes, le nom des femmes était célèbre (e.g., E. Taylor). Lorsqu'ils devaient indiquer si la liste comportait plus d'hommes que de femmes, les participants disaient que les hommes étaient plus nombreux pour les listes comportant des noms d'hommes célèbres et que les femmes étaient plus nombreuses pour les listes comportant des noms de femmes célèbres.

***Biais de représentativité.*** La probabilité de l'événement est jugée d'après la manière dont l'événement apparaît représentatif de la classe des événements à laquelle il appartient et non d'après sa probabilité réelle. Dans une série d'expériences, Tversky et Kahneman (1981) ont présenté des séquences d'événements à leurs participants qui devaient dire quelle séquence était la plus probable. Par exemple, les participants voyaient les deux séries de jets de pièces suivantes :

(a) PFPFFP
(b) PPPPPP

ou les séquences de naissances suivantes :

(a) Fille, Garçon, Fille, Garçon, Garçon, Fille
(b) Fille, Fille, Fille, Fille, Fille, Fille

Dans les deux cas, la plupart des participants ont jugé la séquence (a) la plus probable (alors que a et b sont équiprobables). La séquence (a) apparaissait vraisemblablement plus irrégulière (et donc plus proche du hasard) aux participants.

***Erreurs de conjonction.*** La probabilité de deux événements est jugée plus importante que la probabilité de chacun des événements pris séparément, contrairement aux règles du calcul des probabilités. Tversky et Kahneman (1982) ont proposé l'énoncé suivant à leurs participants : *Linda a 31 ans, est célibataire et très brillante. Elle est diplômée de philosophie. Lorsqu'elle était étudiante, elle militait contre les discriminations et pour la justice sociale. Elle participait à des manifestations anti-nucléaires*. Puis, les auteurs demandaient aux participants de dire laquelle des deux affirmations suivantes est la plus probable : (a) *Linda est employée de banque* ; (b) *Linda est une employée de banque qui milite dans le mouvement féministe*. La plupart des participants jugeaient que (b) était plus probable, alors que, si elle est employée de banque et féministe, Linda est forcément employée de banque. Les participants se sont laissés biaiser par les caractéristiques de Linda plutôt que de procéder à un jugement probabiliste.

***Erreurs sur la taille des échantillons.*** Dans leurs jugements des probabilités, les participants ignorent la taille des échantillons, sachant qu'un événement rare survient plus fréquemment dans un petit échantillon que dans un grand. Tversky et Kahneman (1972) ont donné la description suivante à leurs participants : *Une ville a deux hôpitaux. Chaque jour, 45 enfants naissent dans le plus grand des deux hôpitaux tandis que 15 enfants naissent dans le plus petit hôpital. Comme vous le savez, environ 50 % des bébés qui naissent sont des garçons. Néanmoins, les pourcentages varient d'un jour à l'autre. Quelques fois, ils dépassent 50 % et quelques fois ils sont inférieurs à 50 %. Pendant un an, chacun des deux hôpitaux a enregistré le nombre de jours où plus de 60 % des enfants nés étaient des garçons. A votre avis, lequel des deux hôpitaux comptait plus de jours où ceci était le cas ?* La plupart des participants ont répondu que le nombre de tels jours était équivalent dans les deux hôpitaux. Les autres participants ont choisi en nombre égal chacun des hôpitaux. La réponse correcte est l'hôpital le plus petit, car 15 bébés est un plus petit échantillon que 45 bébés, et les événements rares ont une chance plus grande de survenir dans les plus petits échantillons. Les participants ont commis cette erreur car ils n'ont pas pris en compte la taille des échantillons.

## 2.2 Erreurs en prise de décision

Comme en jugement de probabilité, de nombreux effets expérimentaux, répliqués dans beaucoup de recherches, ont montré que nous avons des difficultés à prendre des décisions de manière logique. Les effets ici retenus pour l'illustrer sont les effets de violation du principe de transitivité, de framing et de renversement des préférences.

***Effets de violation du principe de transitivité.*** Si nous étions logiques dans nos choix et nos décisions, en préférant A à B et B à C, nous devrions préférer A à C. Ceci n'est pas toujours le cas. Tversky (1969) a présenté à des participants des informations sur 5 personnes (A, B, C, D et E), toutes candidates à un poste de Professeur dans une Université. L'expérimentateur disait aux participants que les 5 candidats avaient passé des tests d'intelligence, de stabilité émotionnelle et de sociabilité. Ainsi, le candidat B était plus intelligent que le candidat A, le C plus que le B, etc. Ainsi encore, du point de vue de la stabilité émotionnelle et de la sociabilité, le candidat ayant les scores les plus élevés était le candidat A, puis le B, puis C, etc. Lorsque les participants devaient comparer les candidats deux à deux (A à B, B à C, C à D, D à E), ils préféraient tous le premier (quand A était comparé à B, ils préféraient A ; quand B était comparé à C, ils préféraient B, etc.). Mais, quand les participants devaient comparer le candidat A à C, ils préféraient C, ce qui est contraire au principe de transitivité.

***Effets de framing.*** Les choix entre deux alternatives peuvent différer selon la présentation de ces alternatives. Par exemple, Kahneman et Tversky (1981) ont raconté à leurs participants qu'il existait deux programmes pour se protéger d'une grippe asiatique mal connue. Les auteurs ont comparé une version gain à une version perte. *Version gain* : (a) 200 personnes seront sauvées de manière certaine ; (b) il y a une chance sur trois de sauver 600 personnes et 2 chances sur trois de n'en sauver aucune. *Version perte.* (a) 400 personnes vont mourir à coup sûr ; (b) il y a une chance sur trois que personne ne meure et deux chances sur trois que 600 personnes meurent. Dans la version gain, les participants choisissent (a), tandis que dans la version perte, ils choisissent (b). Pourtant, les choix reviennent exactement au même dans les deux versions.

***Effet de renversement des préférences.*** Les choix entre deux alternatives peuvent différer selon le type d'actions ou de tâches à effectuer. Par exemple, Lichtenstein et Slovic (1977), ont proposé à leurs participants de choisir entre les deux paris suivants : (a) 99 % de chances de gagner 4 dollars et 1 % de chances de perdre 1 dollar, (b) 33 % de chances de gagner 16 dollars et 67 % de chances de perdre 2 dollars. Les deux paris avaient pratiquement la même valeur attendue (3.95 et 3.94 dollars pour chacun d'eux). Les participants ont choisi le Pari 1. Mais dans une tâche où ils devaient indiquer combien d'argent ils mettraient sur chaque pari, les participants ont déclaré qu'ils mettraient plus sur le Pari 2.

# 3. THÉORIES DES JUGEMENTS PROBABILISTES ET DE LA PRISE DE DECISION

En jugement de probabilité, comme en prise de décision, il existe deux types de théories, une théorie classique et une théorie du traitement de l'information.

## 3.1 Théories des jugements probabilistes

### 3.1.1 Calcul mental des probabilités

Une manière de formuler des jugements probabilistes serait d'appliquer les règles élémentaires du calcul des probabilités. Rappelons quelques unes de ces règles. (a) Une probabilité est un nombre allant de 0 à 1, 0 signalant une probabilité nulle qu'un événement survienne, 1 une probabilité certaine et .50 signifiant que l'événement a une chance sur deux de survenir. (b) Dans une situation, la somme des probabilités de chaque événement est égale à 1 (e.g., la probabilité qu'un nouveau né soit un garçon est de .50 et celle qu'il soit une fille est de .50, la somme des deux étant égale à 1). (c) La probabilité de deux événements mutuellement exclusifs est la somme des probabilités de chacun des événements (e.g., la probabilité pour qu'un jet de dés donne 3 ou 5 est égale à la probabilité d'avoir 3 + probabilité d'avoir 5 : 1/6+1/6=1/3). (d) La probabilité pour que deux événements arrivent en même temps est le produit de la probabilité de chacun des deux événements (e.g., la probabilité que le jet de deux dés donnent 3 et 5 est 1/6x1/6=1/36).

Selon la théorie classique, pour formuler des jugements probabilistes, notre système cognitif applique spontanément les règles du calcul des probabilités. Les participants ne devraient alors pas commettre les erreurs que nous avons notées dans les phénomènes empiriques (comme les erreurs de conjonction, la négligence de la taille des échantillons, les biais de sous- et sur-estimations). C'est donc que les participants mettent en œuvre d'autres opérations mentales pour accomplir des tâches de jugements de probabilités.

### 3.1.2 Théorie du jugement par heuristiques

Tversky et Kahneman ont proposé que les participants ne fondent pas leurs jugements de probabilité sur le calcul des probabilités, mais qu'ils utilisent des heuristiques (ou stratégies cognitives ou méthodes d'estimation approximative). Tversky et Kahneman ont ainsi proposé que les participants disposent de plusieurs heuristiques : heuristiques de représentativité, heuristique de disponibilité, heuristique d'ajustement et heuristique de simulation. Selon l'heuristique de représentativité, les participants catégorisent les événements dans une catégorie si ces événements présentent les mêmes caractéristiques que la catégorie en question. Ainsi, Linda avait les mêmes caractéristiques qu'une féministe pour les participants. Selon l'heuristique de disponibilité, nous estimons la probabilité d'un événement en essayant de penser à cet événement ou à un événement similaire (comme lorsque nous évaluons la probabilité d'une catastrophe naturelle en pensant au Tsunami). L'heuristique d'ajustement consiste à faire une première évaluation, puis à ajuster en augmentant ou diminuant cette première évaluation, comme lorsque nous évaluons les proportions de boules rouges et vertes dans une urne en procédant à une première évaluation approximative (e.g., les rouges sont nettement plus nombreuses que les vertes, donc leur probabilité sera nettement supérieure à .50) que l'on corrige ou précise dans une seconde étape (e.g., la proportion de rouges est de .73). Enfin, l'heuristique de simulation consiste à fonder nos jugements sur une simulation mentale du déroulement des événements. Ainsi, en 1982, Tversky et Kahneman ont donné la situation suivante à leurs participants : *M. Crane et M. Tees avaient un vol à prendre à l'aéroport à la même heure. Ils ont pris un taxi ensemble pour aller du centre ville à l'aéroport. Ils se sont retrouvés coincés dans un embouteillage et sont arrivés 30 minutes après l'heure du départ de leur avion. En fait, l'avion de Mr Crane est bien parti à l'heure. L'avion de Mr Tees a été retardé et est parti il y a 5 minutes seulement.* Lorsque les participants avaient à dire qui était le plus contrarié, la plupart des participants ont répondu Mr Tees, alors que les deux avaient raté leur avion. Vraisemblablement, les participants se sont imaginés dans la situation de Mr Tees et ont eu alors l'impression qu'il aurait pu avoir son avion (en prenant un autre taxi, en s'organisant légèrement différemment, etc.).

En conclusion, la théorie classique du jugement probabiliste, avançant que nous fondons nos jugements de probabilité sur les règles de calculs des probabilités, ne rend pas compte des phénomènes observés. Ceci a conduit les auteurs à proposer une théorie davantage psychologique, caractérisée par des opérations mentales (regroupées en heuristiques) mises en œuvre par les participants. Cette approche cognitive non seulement rend compte des différents phénomènes observés mais fournit en outre une explication en termes de mécanismes cognitifs de ces phénomènes.

## 3.2 Théorie de la prise de décision

### 3.2.1 Théorie rationnelle

Selon la théorie rationnelle, pour chaque décision que nous prenons, nous sommes complètement conscients des conséquences des différents choix que nous avons. Par ailleurs, pour prendre une décision, nous combinons la probabilité d'obtenir un résultat et notre intérêt (ou la valeur que nous y attribuons) pour ce résultat. Enfin, la théorie rationnelle postule que nous choisissons toujours l'alternative qui nous est la plus avantageuse (on dit *qui maximise nos bénéfices*).

Cette théorie a plusieurs conséquences, que nous appelons parfois des « axiomes » ou des « principes ». (a) *Principe d'ordre des préférences* : entre plusieurs options, il y en presque toujours une que l'on préfère. Il se peut toutefois qu'aucune n'ait vraiment notre préférence. (b) *Principe de transitivité des préférences* : si nous préférons A à B et B à C, alors nous devrions préférer A à C. (c) *Principe d'invariance*. Si nous préférons A à B, alors quel que soit le contexte, nous n'avons pas de raison de changer nos préférences. (d) *Principe de la chose certaine*. Nous préférons un pari qui nous offre une chose certaine plutôt qu'un pari qui nous offre une chose plus importante mais de manière non sûre.

Les phénomènes empiriques en prise de décision montrent que la plupart de ces prédictions sont falsifiées par les données et que les participants ne se comportent pas comme le permet de l'anticiper la théorie rationnelle de la prise de décision. Là encore, c'est qu'ils mettent en œuvre d'autres opérations mentales qu'un simple calcul des coûts/bénéfices comme le postule la théorie rationnelle.

### 3.2.2 Théories du traitement de l'information

Tversky et Kahneman ont proposé d'adopter une approche cognitive de la prise de décision. Cette approche suppose de prendre en compte les contraintes du système de traitement de l'information, comme le fait que ce système a des capacités limitées de traitement, a des préférences affectives ou est soumis aux pressions des pairs dans une situation où le participant doit prendre une décision.

***Théorie par élimination.*** En 1972, Tversky a proposé que, lorsque nous devons choisir entre plusieurs options, nous procédons par éliminations successives des options que nous ne voulons pas. Pour éliminer une première option, nous adoptons un critère et éliminons l'option qui ne satisfait pas ce critère. Par exemple, nous voulons acheter une voiture. Nous avons repéré plusieurs voitures, chacune intéressante pour différentes raisons. Nous commençons par éliminer la (ou les) voitures qui dépassent notre budget. S'il reste plusieurs options, alors nous utilisons un autre critère (e.g., la puissance de la voiture) pour éliminer d'autres options, et ainsi de suite jusqu'à ce qu'il reste une seule option. Cette procédure ressemble à ce que certains participants disent de la manière dont ils procèdent. Elle a toutefois l'inconvénient d'aboutir à l'élimination d'une option qui, dans un certain contexte, n'aurait peut être pas été éliminée. Par exemple, si une voiture dépasse de 500 euros le budget fixé, mais qu'elle comporte beaucoup d'autres avantages comparés aux autres voitures, il est possible que nous modifions notre critère simplement sur la base de cette voiture.

***Théorie du prospect.*** En 1979, Kahneman et Tversky ont proposé une théorie qui synthétise leurs précédentes critiques théoriques et empiriques des travaux sur la prise de décision. Cette théorie, dite théorie du prospect, avance que plusieurs stratégies de prise de décision peuvent être adoptées (y compris des stratégies par élimination ou des stratégies d'évaluations rationnelles des coûts/bénéfices associés à chaque option). Par ailleurs, selon la théorie, l'échelle des valeurs ou des intérêts associés à chaque option (et à la probabilité des résultats de chaque décision) peut ne pas être linéaire. Ceci signifie, par exemple, que si un individu a réussi à trouver deux emplois et que l'un offre un salaire de 1000 Euros de plus que l'autre, la différence de 1000 euros ne sera pas la même si le salaire de base est 2000 Euros ou 6000 euros. La différence subjective pourra être plus grande pour un salaire de 2000 Euros. De la même manière, entre deux produits différant par le prix de 2 Euros, cette différence sera plus importante pour un prix de base de 10 Euros que pour un prix de base de 50 Euros. L'échelle des valeurs subjectives est donc non linéaire, selon la théorie du prospect, car elle ne croit pas proportionnellement à la valeur numérique du bénéfice.

En conclusion, les travaux sur les jugements de probabilité et la prise de décision ont cherché à savoir si nous fondons nos jugements probabilistes et nos décisions sur une analyse rationnelle de la situation. Une telle analyse suppose que nous nous livrions à un calcul des probabilités et cherchions à prendre une décision sur la base d'une combinaison des conséquences de cette décision et de notre intérêt pour ces conséquences. En réalité, ceci n'est pas toujours, voire pas souvent le cas. Il semble que nous procédions davantage par des heuristiques qui visent à réduire le coût cognitif associé à chaque prise de décision et/ou jugement probabiliste tout en maximisant notre satisfaction. Même si une décision peut ne pas apparaître comme la plus rationnelle à première vue, du point de vue des processus cognitifs mis en œuvre, elle est tout à fait rationnelle. Il n'est pas toujours possible de prendre à coup sûr la meilleure décision, car une décision peut être meilleure sur une dimension et moins bonne sur une autre, et notre système cognitif ne dispose pas de toutes les ressources mentales pour évaluer très précisément tous les coûts/bénéfices associés à toutes les options en présence. Néanmoins, en général, nous faisons du mieux que nous pouvons. En psychologie cognitive de la prise de décision, on dit que le système cognitif est rationnel du point de vue des processus ou des mécanismes, même si du point de vue du produit, la décision prise peut apparaître (ou être) irrationnelle.

## NOTIONS

- décision sous certitude
- décision sous incertitude
- décision à risque
- biais de sur- ou sous-estimation
- biais de représentativité
- effet de contexte
- erreur de conjonction
- effet de framing
- effet de renversement de préference
- théorie des jugements par heuristiques
- théorie rationnelle de la prise de décision
- théorie par élimination
- théorie du prospect.

## QUESTIONS DE MÉMORISATION

1. Qu'est-ce qu'une décision sous certitude ? Une décision sous incertitude ? Une décision à risque ?
2. Définissez les principales tâches utilisées en psychologie de la prise de décision, à savoir les tâches d'estimation, de pari et de jugement.
3. Qu'est-ce qu'un biais de sous- et sur-estimation ? Qu'est-ce qu'un biais de représentativité ?
4. Qu'appelle-t-on effet de contexte ?
5. Quand les participants commettent-ils une erreur de conjonction, une erreur portant sur la taille des échantillons ?
6. Pourquoi dit-on qu'en prise de décision les participants ne respectent pas le principe de transitivité ?
7. Qu'appelle-t-on effet de framing et effet de renversement des préférences ?
8. Décrire la théorie des jugements par heuristiques proposée par Kahneman et Tversky.
9. Quels sont les postulats de la théorie rationnelle de la prise de décision ?
10. Décrire la théorie par élimination et la théorie du prospect.

## QUESTIONS DE RÉFLEXION

1. Pourquoi la théorie rationnelle n'est-elle pas une bonne théorie de la prise de décision ?
2. Pourquoi pensez-vous que, dans nos jugements, nous n'appliquons pas les règles élémentaires du calcul des probabilité, quand bien même nous connaissons parfaitement ces règles ?
3. Les théories proposées par Tversky et Kahneman pourraient-elles être reformulées de sorte à être des théories implémentées sur ordinateur ? Si oui, quelles formes pourraient prendre ces reformulations ?

CHAPITRE 6

# La résolution de problèmes

**SOMMAIRE**

1. Définition, approches et limites
2. Différents types de problèmes
3. Effets expérimentaux importants
4. Méthodes d'étude des stratégies de résolution de problèmes
5. Stratégies de résolution de problèmes
6. Les obstacles à la résolution de problèmes
7. Conclusions

# 1. DÉFINITION, APPROCHES ET LIMITES

***Définition.*** Un problème est une situation dans laquelle nous cherchons à atteindre un but en utilisant différents moyens ou méthodes. Par exemple, nous résolvons des problèmes lorsque nous voulons trouver la route pour aller d'un endroit à un autre, pour résoudre une équation mathématique, pour écrire (ou lire et comprendre) un beau poème ou pour résoudre un conflit avec des amis.

***Approches.*** Il existe deux approches dans l'étude de la résolution de problèmes : l'approche Gestaltiste et l'approche traitement de l'information ou approche cognitiviste (illustrées à la Figure 1). Selon l'approche Gestaltiste, la résolution de problèmes se fait par une suite d'étapes : la préparation, l'incubation, l'illumination et la vérification. La préparation consisterait à encoder les données du problème ; l'incubation consisterait à tenter différentes méthodes pour trouver la solution ; l'illumination caractériserait la découverte soudaine de la solution ; et la vérification permettrait de s'assurer que la solution trouvée est satisfaisante. La découverte soudaine de la solution, après incubation, est le processus clé de résolution selon l'approche Gestaltiste. Selon l'approche traitement de l'information, la résolution de problèmes se ferait également par une suite d'étapes : la représentation, la recherche et la sélection d'un opérateur, l'application de l'opérateur et l'évaluation. La représentation du problème permettrait d'encoder les données du problème en MDT et de s'en faire une représentation (ou une image) précise et détaillée ; la recherche et la sélection d'un opérateur consisterait à passer en revue l'ensemble des méthodes possibles de résolution et à en adopter une ; l'application de l'opérateur sélectionné consisterait à appliquer ou exécuter l'opérateur sélectionné (ou la méthode) pour transformer les données encodées à la première étape ; et l'évaluation de l'état du problème permettrait de déterminer si le nouvel état du problème est l'état final ou un état intermédiaire. La découverte progressive de la solution, ce qui n'exclut pas une illumination soudaine, caractérise donc l'approche traitement de l'information. Les deux approches –Gestaltiste et cognitiviste— ont comme point commun de voir la résolution de problèmes comme une suite d'étapes. Elles diffèrent au niveau de la précision et du détail des mécanismes impliqués dans chaque étape et sur le caractère progressif ou soudain de la découverte de la solution.

***Limites.*** Bien que l'approche Gestaltiste ait posé les fondations du domaine, les propositions théoriques relatives aux mécanismes sont trop vagues (e.g., par quels mécanismes se fait la préparation ? Que se passe-t-il dans le système cognitif pendant l'incubation ?). L'approche traitement de l'information s'inscrit dans le prolongement de l'approche Gestaltiste, mais est plus précise. Elle a fourni des mécanismes précis (parfois implémentés dans des simulations informatiques). Par exemple, Anderson (1981) a proposé que l'incubation caractérisait l'état mental où des structures cognitives de connaissances inappropriées devenaient de moins en moins activées, ce qui permettait l'activation d'informations pertinentes.

# 2. DIFFÉRENTS TYPES DE PROBLÈMES

Les psychologues ont proposé plusieurs distinctions entre les différents types de problèmes, en pensant que chaque type de problème est résolu par des processus cognitifs différents.

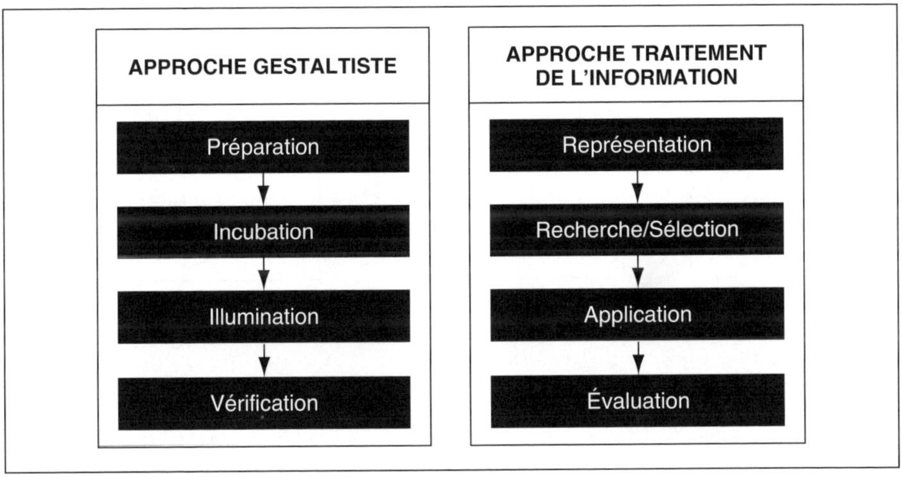


**FIGURE 1**
***Deux approches de la résolution de problèmes***

***1*[re] *distinction.*** *Problèmes bien/mal définis.* Un problème bien défini est un problème pour lequel la solution est claire et les critères de succès précis et objectivement évaluables. Par exemple, un problème de mathématique comme 6x7 a une solution claire (42). Un problème mal défini n'a pas de solution (ou critère d'arrêt) claire. Par exemple, un peintre peut considérer un tableau comme non achevé.

***2*[e] *distinction.*** *Problèmes d'induction de structure/de transformation/de configuration.* Les problèmes d'induction de structure requièrent de trouver des points communs entre les différents éléments d'un problème. Les problèmes de transformation consistent à faire subir aux éléments du problème des transformations aboutissant à une situation nouvelle. Enfin, les problèmes de configuration consistent à faire des arrangements entre les éléments du problème (voir exemples Figure 2).

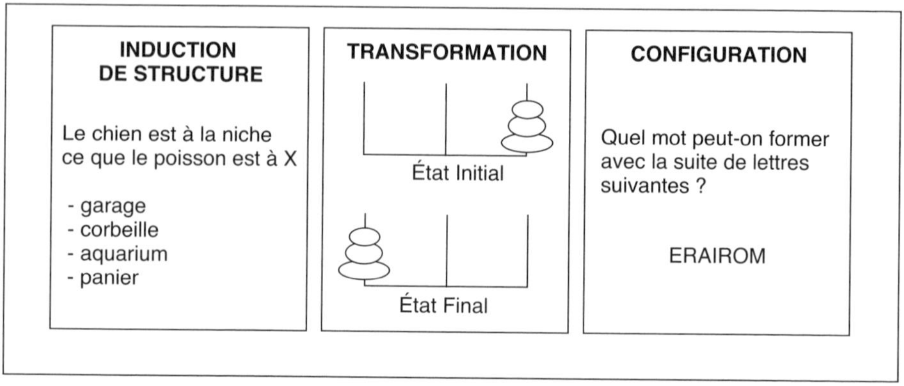


FIGURE 2

***Exemples de problèmes d'induction de structure (remplacer X par l'un des trois éléments), de transformation (déplacer les disques un par un de l'état initial à l'état final, sans mettre un disque plus grand sur un disque plus petit) et de configuration (arranger les lettres de sorte à former un mot)***

# 3. EFFETS EXPÉRIMENTAUX IMPORTANTS

Comme dans les autres domaines de la cognition, afin de comprendre par quels mécanismes nous résolvons des problèmes, les psychologues ont conduit des expériences dans lesquelles ils ont testé l'effet de différents facteurs sur les performances. Plusieurs effets empiriques apparaissent robustes en résolution de problèmes. Il s'agit des effets d'incubation, d'insight, de représentation, de structure des problèmes et d'Einstellung.

***Effet d'incubation.*** Il consiste à observer que si, au cours de la recherche de la solution d'un problème, les sujets mettent de côté le problème et font autre chose, lorsqu'ils se remettent à résoudre le problème, la solution est plus aisément et rapidement trouvée. Dans l'étude de Fulgosi et Guilford (1968), par exemple, les participants devaient imaginer les conséquences d'un événement inhabituel, comme la fermeture des pompes à essence. Ils avaient soit 10 minutes, soit 20 minutes de pause au milieu de la résolution. Les participants ayant 20 minutes ont fourni plus de conséquences que les autres participants, comme si les 20 minutes de pause les avaient aidés à explorer des espaces problèmes plus élargis.

***Effet d'insight.*** Il consiste à observer, après une pause, l'apparition soudaine de la solution à un problème, cherchée en vain pendant un certain temps. La

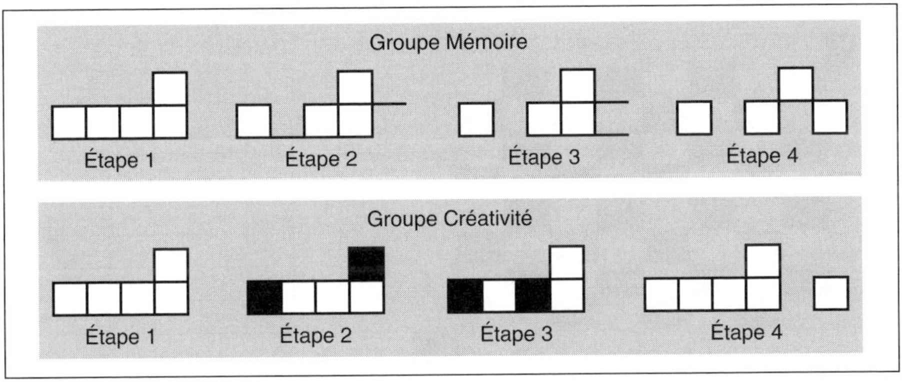


FIGURE 3

***Le problème des allumettes utilisé par Katona (1941). Les sujets doivent constituer 4 carrés à partir de 5 en déplaçant trois allumettes.***

première démonstration empirique fut apportée par Katona en 1940. Il a donné aux participants de deux groupes le problème des allumettes (voir Figure 3) à résoudre. Le premier groupe de participants voyait la solution plusieurs fois, tandis que le deuxième voyait des indices les aidant à trouver la solution. Lors de la résolution de problèmes nouveaux, soit immédiatement, soit après un certain délai, les participants recevant des indices ont obtenu de meilleures performances. Les indices les ont aidés à mieux comprendre (i.e., avoir un insight sur) le problème à résoudre.

***Effet de la représentation.*** Il consiste à observer que, si les participants se font une représentation adéquate du problème, leur taux de réussite augmente. L'une des démonstrations empiriques de cet effet a été rapportée par Kaplan et Simon (1990) avec le problème de l'échiquier mutilé. Les participants voyaient un échiquier de 64 cases pouvant être recouvertes par 32 dominos, chacun couvrant deux cases adjacentes. Les participants devaient dire si, en retirant les cases en haut à gauche et en bas à droite d'un échiquier, l'échiquier pouvait être recouvert par 31 dominos. Lorsque les performances des participants étaient comparées dans une condition où ils voyaient l'échiquier standard (cases blanches et noires) et un échiquier aménagé (l'échiquier pain-beurre), comme dans la Figure 4, leurs performances étaient nettement meilleures dans

| | | | | | | | |
|---|---|---|---|---|---|---|---|
| Beurre | Pain | Beurre | Pain | Beurre | Pain | Beurre | Pain |
| Pain | Beurre | Pain | Beurre | Pain | Beurre | Pain | Beurre |
| Beurre | Pain | Beurre | Pain | Beurre | Pain | Beurre | Pain |
| Pain | Beurre | Pain | Beurre | Pain | Beurre | Pain | Beurre |
| Beurre | Pain | Beurre | Pain | Beurre | Pain | Beurre | Pain |
| Pain | Beurre | Pain | Beurre | Pain | Beurre | Pain | Beurre |
| Beurre | Pain | Beurre | Pain | Beurre | Pain | Beurre | Pain |
| Pain | Beurre | Pain | Beurre | Pain | Beurre | Pain | Beurre |

**FIGURE 4**
***Le problème de l'échiquier mutilé (et sa présentation modifiée) utilisé par Kaplan et Simon (1990).***

la dernière. Celui-ci les a aidés à se construire une meilleure représentation et a donc facilité la résolution.

***Effet de structure des problèmes.*** La structure des problèmes, définie comme le type d'éléments (ou son nombre) constituant le problème et leur arrangement, affecte les performances des participants. Par exemple, toutes les recherches étudiant la résolution de problèmes arithmétiques trouvent que les participants mettent plus de temps (et font plus d'erreurs) sur des problèmes simples de multiplication avec des grands opérandes (e.g., $8 \times 7 = ?$) qu'avec des petits opérandes (e.g., $3 \times 4 = ?$) ou sur des problèmes à deux opérandes versus à trois opérandes (e.g., $8 \times 7$ vs. $5 \times 4 \times 7$). Ceci survient car soit plus d'opérations mentales sont impliquées (comme dans le cas des problèmes à trois chiffres vs. deux chiffres), soit les mêmes opérations mentales sont plus difficiles à mettre en œuvre avec certains problèmes (comme dans le cas des multiplications avec grands vs. petits opérandes).

# 4. MÉTHODES D'ÉTUDE DES STRATÉGIES DE RÉSOLUTION DE PROBLÈMES

Afin d'expliquer par quels processus les participants résolvent des problèmes, les psychologues utilisent plusieurs méthodes. Ils utilisent les méthodes chronométriques, décrites au Chapitre 1, leur permettant d'évaluer l'effet de certains facteurs sur les temps de résolution et les taux d'erreurs et d'analyser ces effets pour inférer les processus mis en œuvre. Ils recueillent également les protocoles verbaux. Lorsque les participants résolvent des problèmes, ils sont invités à dire tout ce qui leur vient à l'esprit (protocoles verbaux immédiats) pendant la résolution. Le chercheur peut aussi les interroger après la résolution du problème (protocoles verbaux différés), notamment lorsqu'il craint que les protocoles verbaux immédiats interfèrent avec les processus de résolution. Les protocoles verbaux représentent une source de données importantes pour comprendre les processus (les verbalisations ne constituent pas les processus), sous certaines conditions décrites notamment par Ericsson et Simon (1980). Ces conditions sont les suivantes.

- Les verbalisations peuvent être recueillies au cours de tâches réalisées suffisamment lentement pour pouvoir donner lieu à un symbole en MDT, mais pas trop lentement pour que ce symbole ne soit pas oublié (ce qui entraînerait le sujet à donner des verbalisations non valides ou sans rapport avec le contenu de la MDT au moment de la résolution).

- Afin d'éviter les protocoles verbaux inexploitables (e.g., *je ne sais pas, je ne pense à rien*), l'expérimentateur peut aider le participant en lui fournissant des questions indices (l'aidant à retrouver ce à quoi il pensait pendant la réalisation d'une tâche) ou lui faire voir la video enregistrée pendant la réalisation de la tâche et permettant au participant de retrouver ce à quoi il pensait à ce moment là.
- Afin d'éviter les interférences entre les processus et les verbalisations, pour les tâches où il n'a pas encore été établi que les verbalisations n'interfèrent pas avec le cours naturel de la résolution de problèmes, il est possible de comparer les performances d'un groupe testé avec verbalisations et les performances d'un groupe sans verbalisation. L'équivalence des résultats suggère l'absence d'interférence.
- Afin d'établir la validité des verbalisations (i.e., savoir si les verbalisations fournissent des indices pertinents des processus), il est parfois nécessaire d'obtenir des données convergentes (e.g., temps de réaction, taux d'erreurs, mouvements oculaires). Il importe de garder à l'esprit que les verbalisations ne sont pas les processus, mais des données renseignant le psychologue sur les processus mis en œuvre. C'est le psychologue qui, en analysant ces verbalisations, découvrent les processus. En d'autres termes, les protocoles verbaux sont des données comme d'autres données servant le chercheur à faire des inférences sur les processus cognitifs.

## 5. STRATÉGIES DE RÉSOLUTION DE PROBLÈMES

Les protocoles verbaux ont permis aux psychologues de découvrir que, pour résoudre divers types de problèmes, les sujets utilisent différentes stratégies. Plusieurs distinctions ont été proposées pour caractériser les stratégies mises en œuvre pour résoudre des problèmes.

***1re distinction : algorithmes versus heuristiques.*** Utiliser un algorithme pour résoudre un problème, c'est mettre en œuvre une série d'étapes de traitement ou d'actions systématiques, toujours dans le même ordre. Un algorithme peut être long et fastidieux à mettre en œuvre. Toutefois, si elle est appliquée correctement, la série d'étapes donne nécessairement la solution exacte. Par exemple, lorsque les participants doivent résoudre 739 + 295, ils doivent d'abord ajouter les unités, puis les dizaines, puis les centaines. Une heuristique n'a rien de systématique. C'est un ensemble d'actions ou de règles de décision qui aboutissent à une solution satisfaisante. Une heuristique peut donc être rapide mais imprécise. Par exemple, dans la résolution d'anagrammes, les participants pourraient avoir à trouver un mot formé par les lettres ERAIROM. Ils peuvent utiliser un algorithme de recherche systématique en essayant toutes les combinaisons (120) de 5 lettres pour trouver un mot de la langue française (ARMOIRE). Ils pourraient également utiliser leurs connaissances implicites de la langue française (e.g., la syllabe OI est plus fréquente en Français que IO) pour contraindre leur espace de recherche. Par exemple encore, dans une tâche de quantification où les participants doivent dire combien de points contient une collection de plus de 500 points, le comptage systématique des points un par un ou deux par deux versus une estimation approximative de l'espace occupé par la collection de points peuvent être utilisés. L'algorithme de comptage sera long et fastidieux, mais exact si exécuté correctement, tandis que l'heuristique d'estimation sera rapide et demandera peu d'efforts mais sera imprécise. Certains problèmes peuvent être résolus de manière satisfaisante avec une heuristique (comme l'estimation de numérosité) ; d'autres nécessiteront la mise en œuvre d'un algorithme (comme la résolution d'équations).

***2^e^ distinction : stratégies (ou méthodes) fortes versus stratégies (ou méthodes) faibles.*** Il existe deux types de stratégies, des stratégies dites « fortes » et des stratégies dites « faibles ». Les stratégies fortes sont des stratégies générales. Elles concernent plusieurs domaines et peuvent être mises en œuvre dans plusieurs tâches différentes. Les stratégies faibles sont limitées à un domaine particulier et ne peuvent être mises en œuvre dans des tâches ou domaines différents. Par exemple, la stratégie du comptage de un en un (8 + 4 = 8 + 1 + 1 + 1 + 1) est une stratégie faible, car elle ne peut être utilisée dans un autre domaine, ni dans le même domaine sur une autre opération arithmétique. La stratégie de recherche en arrière (i.e., partir de la situation finale pour remonter, par étapes, à la situation de départ) est une stratégie forte, car elle peut être utilisée dans plusieurs domaines, comme dans la résolution d'une équation mathématique ou dans le problème du labyrinthe (trouver un parcours dans un labyrinthe dessiné sur une feuille de papier). Une autre stratégie forte beaucoup étudiée en psychologie cognitive est l'analogie consistant à rechercher les similitudes entre un problème à résoudre et un problème déjà résolu dans le passé. Certains problèmes peuvent être résolus en mettant simultanément en œuvre à la fois des méthodes faibles (comme l'utilisation de connaissances spécifiques à un domaine) et des méthodes fortes (comme l'analogie). Lorsque les médecins établissent un diagnostic non seulement à partir de leurs connaissances en médecine mais aussi à partir des cas rencontrés dans leur pratique, ils mettent en œuvre simultanément des stratégies fortes et faibles.

## 6. LES OBSTACLES À LA RÉSOLUTION DE PROBLÈMES

Certains facteurs facilitent la résolution de problèmes, comme la structure ou la représentation du problème. Ces mêmes facteurs peuvent aussi parfois perturber la recherche de la solution. Ceci peut être illustré par les effets de fixité fonctionnelle ou les effets d'Einstellung.

- Les *effets de fixité fonctionnelle* surviennent lorsque les éléments d'un problème doivent servir à une autre fonction que leur fonction habituelle. Dans le problème des deux cordes, Maier (1940) a donné à ses sujets deux cordes attachées au plafond et trop éloignées l'une de l'autre pour pouvoir les attacher ensemble. Les sujets avaient aussi une chaise et une paire de pinces. Il leur était difficile d'attacher les deux cordes, n'ayant pas à l'esprit d'utiliser la chaise et la pince autrement que dans leur fonction première (s'asseoir et visser). Pourtant, tous les participants ont reconnu aisément la solution lorsqu'il leur a été suggéré de monter sur la chaise, d'attacher la pince à une corde, de la balancer jusqu'à pouvoir la saisir et l'attacher à l'autre corde.
- *Les effets d'Einstellung* consistent à utiliser une méthode qui a marché pour des problèmes similaires mais qui est inappropriée pour de nouveaux problèmes. Dans le problème des jarres (Luchins, 1942), par exemple, les participants apprennent que chacune des trois jarres a une

contenance particulière : la jarre A contient 8 gobelets d'eau, la jarre B 4 et la C 3. Ils doivent trouver une combinaison de jarres de sorte à obtenir par exemple 17 gobelets d'eau, ce qui est possible en prenant 2 jarres A + 1 jarre B — 1 jarre C (soit 2A+1B-1C). Si l'on donne plusieurs problèmes qui peuvent être résolus par la méthode 2A+1B-1C et que le problème suivant ne peut être résolu que par une autre combinaison, les sujets auront plus de mal sur ce problème que s'ils n'avaient pas résolu plusieurs problèmes avec la méthode 2A+1B-1C. En effet, ils sont tentés d'utiliser la même méthode, même si elle est inappropriée. Il leur faut faire un effort pour s'apercevoir qu'une autre méthode est nécessaire.

La fixité fonctionnelle renvoie à une difficulté à se construire une représentation adéquate du problème, tandis que l'effet d'Einstellung s'explique par une difficulté à sélectionner le bon opérateur. L'application erronée d'un bon opérateur sélectionné peut être une autre source d'erreur ou de difficulté en résolution de problèmes. Par exemple, lorsque les enfants disent que 9x4=32 (Lemaire & Siegler, 1995) en additionnant le deuxième opérande le nombre de fois indiqué par le premier (4+4+4…+4), ils ont sélectionné le bon opérateur (ajout de nombre), mais l'ont appliqué de manière erronée (en additionnant 4 huit fois au lieu de neuf fois).

# 7. CONCLUSIONS

Les recherches actuelles en résolution de problèmes (mais aussi dans les autres domaines cognitifs) concernent à la fois le rôle des procédures ou stratégies de résolution de problèmes et la représentation des informations. Dans tous les cas, il s'agit de comprendre quels sont les facteurs propres à déclencher la construction d'une représentation adéquate des données d'un problème. Il s'agit aussi d'étudier les variations stratégiques. Dans tous les cas, il s'agit de comprendre quelles sont les stratégies (générales ou spécifiques) utilisées, comment elles sont mises en œuvre et quels facteurs affectent leur utilisation et leur exécution. Cette compréhension du rôle de la représentation et des stratégies est alors formalisée dans des modèles computationnels (i.e., implémentés sur ordinateur sous la forme de simulations informatiques). L'une des premières formalisations est celle proposée par Newell et Simon (1972) avec leur modèle GPS (*General Problem Solver*). Ce modèle appréhende la résolution de problèmes par une suite d'étapes (décrites dans la Figure 1, panneau de droite). Dans ce type de modèles computationnels, les détails d'implémentation informatique requièrent une description très précise et transparente (aucun postulat ne peut être laissé dans le flou et le vague). En retour, cette description formelle donne lieu à des hypothèses dont les prédictions peuvent être testées (falsifiées) empiriquement.

## NOTIONS

- problème bien défini/mal défini
- problème d'induction de structure, de transformation, de configuration
- effet d'incubation
- effet d'insight
- effet de la représentation
- effet de structure des problèmes
- protocoles verbaux
- algorithmes
- heuristiques
- effet de fixité fonctionnelle
- effet d'Einstellung

## QUESTIONS DE MÉMORISATION

1. Qu'appelle-t-on problèmes bien et mal définis ?
2. Qu'est-ce qu'un problème de structure, un problème de transformation et un problème de configuration ?
3. Qu'est-ce qu'un effet d'insight ? Un effet de représentation ?
4. En quoi la structure d'un problème affecte-t-elle les performances des participants ? Développez avec un exemple.
5. Qu'est-ce qu'un protocole verbal ? Quels types de protocoles verbaux les psychologues recueillent-ils ?

6. Qu'est-ce qu'un algorithme ? Illustrer avec un exemple sur la résolution d'anagrammes.
7. Qu'est-ce qu'une heuristique ? Illustrer avec un exemple de problème de prise de décision.
8. Qu'appelle-t-on effet de fixité fonctionnelle ?
9. Qu'est-ce que l'effet d'Einstellung ?
10. Quelles sont les différences entre l'approche Gestaltiste et l'approche traitement de l'information en résolution de problèmes ?

## QUESTIONS DE RÉFLEXION

1. À votre avis, les phénomènes observés en résolution de problèmes bien définis se généralisent-ils aux cas des problèmes mal définis ? Etayez votre réponse à l'aide d'un exemple.
2. À quels niveaux pensez-vous que l'expertise puisse favoriser la résolution de problèmes chez un expert dans un domaine particulier ? Comment le tester empiriquement ?
3. Comment étudier les stratégies de résolution de problèmes dans le domaine du calcul mental ? Comment évaluer les coût/bénéfices (i.e., en termes de temps de résolution et de pourcentages d'erreurs) associés à chaque stratégie, toutes choses égales par ailleurs ?

# CHAPITRE 7

# Compréhension et production du langage

**SOMMAIRE**


1. Définition du domaine
2. Méthodes et tâches utilisées
3. Effets expérimentaux importants
4. Théories de la compréhension et de la production du langage
5. Conclusion

# 1. DÉFINITION DU DOMAINE

Le langage est une fonction cognitive importante dans la mesure où il nous permet de communiquer, de transmettre et recevoir des informations. Il est à la base de toute activité sociale et joue un rôle clé dans la vie personnelle. Il est aussi important pour la psychologie cognitive, car il requiert à la fois des traitements cognitifs généraux et spécifiques. Comprendre comment nous traitons du langage, c'est comprendre comment notre système cognitif fonctionne.

Il faut distinguer la compréhension de la production du langage. Comprendre du langage permet de se construire une représentation mentale d'une situation à partir d'un énoncé oral ou écrit. En revanche, produire du langage consiste à transformer une représentation mentale en une représentation langagière orale ou écrite. Les psychologues ont cherché à déterminer les processus impliqués dans la compréhension et la production du langage.

Il est impossible de réfléchir au traitement du langage sans se demander comment le système cognitif traite une langue. C'est pourquoi les psychologues travaillant sur le langage (ou psycholinguistes) se nourrissent des analyses des langues réalisées par les linguistes. Ces analyses leur permettent de savoir quelles sont les dimensions pertinentes d'une langue que doit gérer le système cognitif. Aussi, que ce soit en compréhension ou en production du langage, les psychologues demandent comment le système cognitif traite les sons de la parole (comment il discrimine les sons entre eux et les reconnaît), les mots (comment il sélectionne un mot cible parmi un ensemble de mots potentiels), les phrases (comment il comprend le sens d'un énoncé à partir de l'ordre des mots qui le constituent) et les textes (comment il coordonne plusieurs informations en une représentation mentale intégrée). La psycholinguistique rassemble un ensemble de recherches qui se focalisent souvent sur un niveau d'analyse de la langue, même si l'objectif est de comprendre l'intégration et la coordination de l'ensemble des niveaux au moment où le locuteur parle, le scripteur écrit ou l'auditeur et le lecteur encodent et comprennent des énoncés.

# 2. MÉTHODES ET TÂCHES UTILISÉES

## 2.1 Méthodes

Comme dans tous les domaines de la cognition, les psycholinguistes utilisent deux types de méthodes pour mettre à jour les processus cognitifs impliqués dans la production et la compréhension du langage : des méthodes dites *off-line* et des méthodes dites *on-line*. Les méthodes off-line sont centrées sur le produit et les variables mesurées concernent notamment les erreurs commises par les participants ou la qualité du matériel verbal produit. Comme les variables recueillies sont le résultat des processus, les inférences faites des produits aux processus sont indirectes et contiennent le risque d'être erronées (des interprétations alternatives des données peuvent s'avérer possibles et plausibles). C'est pourquoi, les méthodes on-line sont complémentaires des méthodes off-line.

Les méthodes on-line consistent à étudier les processus en cours de réalisation de la tâche. Les observables recueillis sont les temps de réalisation ou des enregistrements video, voire parfois des protocoles verbaux (i.e., les participants verbalisent le contenu de leur MDT au moment où ils effectuent une tâche).

Quelles que soient les méthodes utilisées, lorsqu'ils étudient le langage, les psycholinguistes utilisent aussi bien les méthodes d'observation naturelle que les méthodes d'observation provoquée. Parmi les méthodes d'observation naturelle, par exemple, un psychologue intéressé par les caractéristiques langagières des conversations va relever ces paramètres dans des situations où des participants interagissent verbalement. En production du langage, le psychologue va relever (et analyser) les erreurs produites ; il va aussi étudier la qualité des productions.

Le psycholinguiste utilise par ailleurs, chaque fois que possible, la méthode expérimentale. Elle lui permet de tester des participants dans des situations standardisées où certains facteurs sont contrôlés et d'autres manipulés pour en détecter les effets sur la qualité des productions (ou les erreurs) et de compréhension, ainsi que sur les latences.

## 2.2 Les tâches utilisées

Les tâches peuvent être spécifiques au domaine de la compréhension ou de la production du langage. Ainsi, par exemple, en compréhension du langage, un psychologue intéressé par la perception de la parole peut conduire une expérience avec des tâches d'identification de sons (e.g., choisir entre deux sons proposés celui qui vient d'être entendu, repérer un son manquant dans une chaîne de sons). Un psychologue intéressé par la compréhension des mots peut utiliser une tâche de décision lexicale (i.e., dire si une chaîne de caractères forme un mot ou un non-mot), une tâche de dénomination (i.e., nommer à voix haute une chaîne de caractères), une tâche de mémorisation (i.e., apprendre une liste de mots) ou une tâche de catégorisation (e.g., dire si un mot désigne un animal ou une plante). Un psychologue intéressé par la compréhension de textes peut utiliser une tâche de lecture-compréhension (i.e., lecture de textes suivie de questions de compréhension) et de mémorisation (sondage de la mémoire sur le contenu d'un texte juste après lecture ou après des délais variables).

Un psychologue intéressé par la production orale du langage pourra demander à ses participants de décrire des images (et relever ainsi le type de mots utilisés, les erreurs commises, les temps de latence) ou donner des définitions pour lesquelles le participant doit trouver le mot correspondant. Enfin, un psychologue intéressé par la production écrite pourra demander à ses participants d'écrire des textes ou des phrases, voire des mots (dont les qualités linguistiques, mais aussi les caractéristiques temporelles seront analysées), à partir d'inducteurs (comme des images) ou pas, dans différentes situations expérimentales (comme une situation de surcharge en MDT).

En psycholinguistique, comme en général en psychologie cognitive, la méthode et les tâches utilisées, les observables recueillis et les analyses conduites sur ces observables dépendent de la question de recherche posée, elle-même s'appuyant sur l'état de la littérature au moment de conduire une étude. A l'heure actuelle, les travaux réalisés ont déjà pu mettre en évidence un corpus de phénomènes empiriques robustes.

# 3. EFFETS EXPÉRIMENTAUX IMPORTANTS

Nous distinguons les effets expérimentaux obtenus en compréhension et en production du langage.

## 3.1 Effets en compréhension du langage

### 3.1.1 Traitements sub-lexicaux

***Effets de restauration phonémique.*** Ils consistent à observer que les participants ne perçoivent pas que certaines syllabes sont manquantes dans un mot, comme s'ils restauraient eux-mêmes la syllabe manquante. Par exemple, Warren (1970) a montré que, si l'on fait écouter la phrase suivante aux participants *La météo annonce de fortes pe'turbations pour dimanche prochain*, la plupart des participants entendent *La météo annonce de fortes perturbations pour dimanche prochain.*

***Effets de contexte.*** Nous reconnaissons mieux les sons constituant les mots lorsque les mots sont inclus dans des phrases que lorsqu'ils sont isolés. Par exemple, Sitler *et al.* (1983) ont enregistré des participants malentendants en train de prononcer des mots isolés et les mêmes mots inclus dans des phrases. Ces enregistrements ont ensuite été écoutés par des participants non malentendants. Ces participants devaient écrire les mots et les phrases qu'ils entendaient. Les participants reconnaissaient mieux les mots inclus dans des phrases que les mots isolés.

### 3.1.2 Traitements lexicaux

***Effets d'amorçage.*** Ils consistent à observer que le traitement d'un mot cible est facilité si ce traitement suit le traitement d'un mot amorce relié. Par exemple, il sera plus facile de reconnaître le mot *docteur* après avoir vu *infirmière* qu'après avoir vu *cuisinier*. Les traits sémantiques communs à *docteur* et *infirmière*, activés lors du traitement de *infirmière*, sont plus facilement accessibles au moment du traitement de *docteur*. Il existe plusieurs types d'effets d'amorçage : l'amorçage de répétition (le traitement d'un mot cible est facilité si l'amorce et la cible sont le même mot) ; l'amorçage sémantique (le traitement d'un mot cible est facilité si l'amorce et la cible sont synonymes) et l'amorçage associatif (le traitement d'un mot cible est facilité si l'amorce et la cible sont fréquemment associées comme *chien* et *os*).

***Effets de fréquence.*** Ils consistent à observer que le traitement des mots fréquents (e.g., *manger*) est plus facile que celui des mots rares (e.g., *ergoter*). Les mots fréquents ayant un seuil d'activation plus faible, ils sont plus facilement accessibles ou transférables de la MLT à la MDT, et donc plus rapidement reconnus. La fréquence d'un mot, souvent calculée à partir de textes littéraires, est corrélée avec plusieurs variables (e.g., niveau d'abstraction, âge d'acquisition), ce qui ne permet pas toujours de savoir si ces effets sont confondus.

***Effets de voisinage orthographique.*** Les mots présentant des voisins orthographiques sont plus difficilement reconnus que les mots ne présentant pas de voisins. Les mots ayant des voisins orthographiques sont des mots donnant d'autres mots si l'on change l'une de leurs lettres. Par exemple, le mot *foin* est un voisin des mots *coin, loin, fois, foie* et *soin*. Ainsi, Grainger *et al.* (1989) ont observé que la vitesse de reconnaissance, dans une tâche de décision lexicale, était plus lente (et le taux d'erreurs plus faible) pour des mots comme *foin* que pour des mots comme *bref*.

### 3.1.3 Traitements syntaxiques

Une phrase est composée de mots agencés dans un ordre particulier. Cet ordre gouverne le sens d'une phrase. Ainsi, *Jean aime Marie* ne veut pas dire la même chose que *Marie aime Jean*. Par ailleurs, *l'homme fatigué regarde la télévision* comprend deux constituants, *l'homme fatigué et regarde la télévision*. L'existence de traitements syntaxiques spécifiques a été montrée par l'effet du type de phrases et des constituants sur les performances des participants.

***Effets des constituants.*** L'effet des constituants a été observé sur plusieurs indicateurs comportementaux, comme les mouvements oculaires ou le type d'erreurs réalisées par les participants. Par exemple, Just et Carpenter (1980) ont observé des temps de fixation oculaire plus longs à la frontières des constituants qu'au milieu des constituants, signalant un traitement cognitif de ces frontières (soit une closure pour comprendre le contenu du constituant soit une ouverture d'une structure de constituants). Par exemple encore, les mots situés en début de proposition étaient mieux rappelés que les mots situés en milieu de proposition.

***Effets de garden path.*** Ils consistent à observer que les temps de compréhension sont plus longs au cours de phrases ambiguës qu'au cours de phrases non ambiguës. Par exemple, Clifton et Ferreira (1986) ont montré qu'une phrase comme *The woman painted by the artists was very attractive to look at* est plus longue et difficile à comprendre que la même phrase avec une petite modification *The woman that was painted by the artists was very attractive to look at.* Dans la première phrase, le segment *The woman painted* peut vouloir dire soit *la femme peinte* » soit « *la femme peignait*. Dans la seconde phrase, cette ambiguité est levée par *that was painted by*.

## 3.2 Effets en production du langage

### 3.2.1 Effets de la surcharge en MDT

Traiter du langage, en compréhension comme en production, à l'écrit ou l'oral, mobilise des ressources en MDT. Une démonstration empirique a été fournie par Largy, Fayol et Lemaire (1996). Les auteurs ont demandé à leurs participants d'écrire des phrases, soit en condition de surcharge (i.e., les participants devaient retenir des séries de mots pendant la dictée), soit en condition normale (i.e., sans mot à retenir). Les phrases étaient des phrases du type *Le chien des voisins arrive*. Les auteurs ont trouvé que les participants faisaient plus d'erreurs d'orthographe (e.g., ils écrivaient *Le chien des voisins arrivent*) en condition de surcharge qu'en condition normale. Les ressources en MDT mobilisées par la tâche secondaire de rétention de mots accaparaient les ressources normalement entièrement allouées à la rédaction et au traitement orthographique.

### 3.2.2 Effets des connaissances

Le niveau des connaissances sur un thème facilite la rédaction de textes. Ainsi, par exemple, Kellogg (1988) a demandé à des participants d'écrire un texte défendant l'idée que les Nations Unies devaient rester localisées aux USA. Il a observé que les participants ayant une bonne connaissance des Nations Unies, évaluée par un test indépendant, avaient besoin de fournir nettement moins d'efforts pour produire un texte de qualité que les participants connaissant peu les Nations Unies. Il a observé le même type d'effets relatifs au niveau de connaissances verbales sur la production de textes de différents genres (e.g., textes argumentatifs ou narratifs).

### 3.2.3 Types d'erreurs en production orale

En production orale, les chercheurs étudient les erreurs spontanément commises par les participants. Ainsi, les participants peuvent commettre des lapsus (dire un mot à la place d'un autre) ou être victime du phénomène du « mot sur le bout de la langue » (le mot est inaccessible bien qu'on sache quel mot on cherche). Ainsi, par exemple Brown et McNeill (1966) ont demandé à leurs participants de donner le mot satisfaisant certaines définitions (e.g., *instrument utilisé pour la navigation servant à mesurer des angles, comme l'altitude du soleil, de la lune et des étoiles par rapport à la mer* ; réponse : *sextant*). Les participants faisant l'expérience du mot sur le bout de la langue réussissaient, dans 57 % des cas, à néanmoins récupérer la première lettre du mot. Tout se passe comme si, dans cette situation, les informations nécessaires n'étaient que partiellement activées, ce qui ne permettait pas l'activation complète du mot en MDT.

Les lapsus, ou erreurs de substitution, ont fait l'objet d'analyses approfondies. Ainsi, les participants ne commettent pas n'importe quel type de substitution. Les substitutions suivantes ont été relevées : (a) substitutions sémantiques : le mot est remplacé par un autre appartenant à la même catégorie sémantique (e.g., le participant dit *le petit déjeuner est servi avec le vin* au lieu de *le petit déjeuner est servi avec le pain*) ; (b) substitutions intra-catégorielles : les mots substitués sont dans 99 % des cas des mots de la même catégorie que le mot cible. Très rarement, un verbe est remplacé par un nom, mais fréquemment par un autre verbe ; (c) substitution de position des mots dans une phrase : le participant dit par exemple *je mange ma fourchette avec mes légumes* au lieu de *je mange mes légumes avec ma fourchette* ; (d) substitution de morphèmes : les flections ne sont pas opérées au bon endroit dans la phrase (e.g., *la fille caresse le chatait* pour *la fille caressait le chat*) ; (e) substitution de lettre aboutissant à des contrepétries, comme dans *pisser dans la glycine* pour *glisser dans la piscine*.

# 4. THÉORIES DE LA COMPRÉHENSION ET DE LA PRODUCTION DU LANGAGE

Les recherches théoriques suivent la tradition des recherches empiriques, à savoir que des modèles différents en compréhension et en production du langage sont proposés. De la même manière, des modèles différents, bien que comprenant des aspects communs, en production orale et écrite, sont élaborés.

## 4.1 Compréhension du langage

Pour illustrer le type de modèle théorique proposé en compréhension du langage, nous présentons des modèles de la perception des sons, de la reconnaissance des mots et de la compréhension de textes.

### 4.1.1 Un exemple de modèle de la perception des sons : le modèle de Pisoni *et al.*

Pisoni a proposé un modèle de traitement comprenant une suite de plusieurs processus (voir Figure 1).

D'après le modèle de Pisoni, la perception des sons mettrait en œuvre au moins trois étapes de traitement. Au cours de l'étape de traitement auditif, le

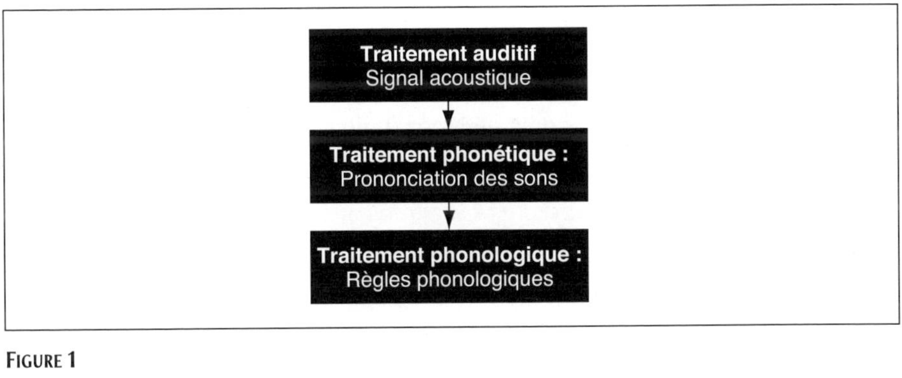


FIGURE 1
***Modèle de la perception de la parole proposé par Pisoni (1970).***

système cognitif encoderait le signal acoustique et le convertirait en une représentation neurologique sous la forme d'un code brut. Cette représentation conserverait les traits du signal physique comme la fréquence ou l'intensité du son. Au cours de la seconde étape, le système mettrait en œuvre un traitement phonétique, activant la prononciation des sons en affectant des étiquettes au signal perçu et en délimitant les frontières phonétique du message sonore. Enfin, au cours de la troisième étape, les segments phonétiques identifiés à l'étape préalable sont mis en correspondance avec des règles phonologiques plus abstraites.

Les phénomènes de restauration phonémique et de contexte sont en accord avec ce modèle qui est un modèle de traitement actif du signal sonore (le système ne se contente pas d'être un réceptacle de bruit, mais active des représentations et des règles qui servent à traiter ce bruit).

### 4.1.2 Un exemple de modèle de la reconnaissance des mots : le modèle de la cohorte

Ce modèle, proposé par Marslen-Wilson et ses collaborateurs (1978), est l'un des premiers modèles spécifiques de la reconnaissance des mots. Le modèle est caractérisé par deux grands postulats : (a) Lorsque le participant entend un mot, il active (inconsciemment) les mots commençant par le même son. Ainsi, si le participant entend *foin*, il va activer *fois*, *foie*, *foi*, *foire*, *foison*, etc. (b) Ensuite, au fur et à mesure que le système entend de plus en plus de sons constituant le mot à reconnaître et accumule de l'information sur le mot cible, les mots n'ayant pas les mêmes sons suivants que le mot cible ne vont pas être davantage activés. L'élimination des candidats peut par ailleurs se faire sur la base du contexte dans lequel un mot est perçu (e.g., dans la phrase, *le pilote d'avion regarde par la fenêtre*, au moment de percevoir *fenêtre*, les candidats comme *foin* et *foie* sont déjà éliminés, tandis que *fente* restera un candidats potentiel). Enfin, le traitement continue ainsi jusqu'au point de reconnaissance du mot cible où aucun autre candidat n'est disponible.

### 4.1.3 Un autre modèle de la reconnaissance des mots : le modèle d'activation interactive

Ce modèle, proposé par McClelland et Rumelhart (1981), est le premier modèle connexionniste de la reconnaissance des mots ; il a ouvert la voie à plusieurs autres modèles dans cette perspective. Selon ce modèle, l'information verbale passerait par plusieurs étapes, mises en œuvre plus ou moins en parallèle (voir Figure 2).

Lors de la première étape, le système analyse les traits du signal visuel (e.g., existe-t-il des barres verticales, horizontales ?). Lors de la deuxième étape, la combinaison de ces traits aboutit à l'activation de lettres. Les lettres appropriées sont renforcées, celles inappropriées inhibées. Enfin, dans la troisième étape, la combinaison des lettres active des mots. Là encore, ceux appropriés sont renforcés, les autres inhibés. Dans ce modèle, l'information circule de manière ascendante (du stimulus aux représentations mentales) et descendantes (des représentations au stimulus). Les versions ultérieures de cette approche ont inclus un analyseur sémantique, permettant d'extraire le sens des/du mot(s) activé(s) et des analyseurs (ou *parsers*) syntaxiques permettant de traiter la position et le rôle grammatical des mots dans une phrase.

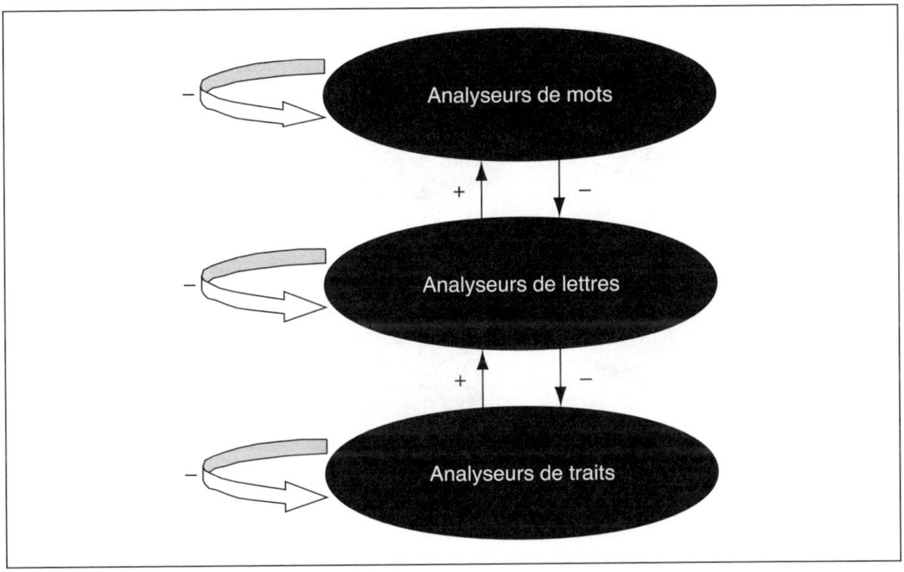


**FIGURE 2**
***Modèle d'activation interactive proposé par McClelland et Rumelhart (1981).***

Plusieurs phénomènes empiriques sont en accord avec les deux types de modélisation (comme les effets des caractéristiques –type fréquence des mots et les effets de contexte –type effet de supériorité du mot selon lequel une lettre ou une syllabe est détectée plus rapidement si comprise dans un mot que si isolée). Toutefois, certains phénomènes restent incompatibles avec les prédictions de certains modèles. Par exemple, le modèle de la cohorte ne prédit pas les effets de voisinage, dans la mesure où ceux-ci ne dépendent pas des sons initiaux des mots.

### 4.1.4 Un modèle de la compréhension des textes : le modèle de construction-intégration

Le modèle de construction-intégration, proposé par Kintsch (1998) et ses collaborateurs (voir Figure 3), postule que nous accédons à la signification d'un texte en plusieurs étapes de traitement. Au cours de la première, le système cognitif encode l'information textuelle et construit une représentation propositionnelle. Pour cela, il identifie les mots (activation automatique des différentes significations des mots), intègre des représentations activées au sein d'une représentation syntaxique des phrases, puis construit des représentations pro-

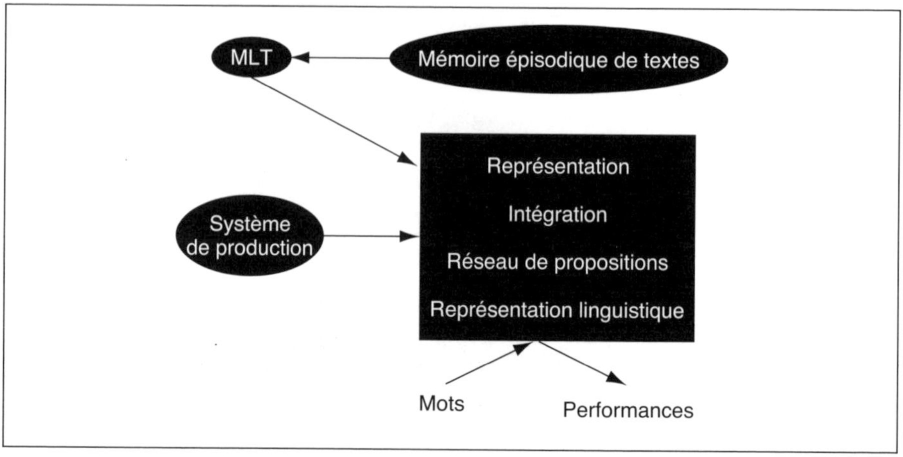


**FIGURE 3**
***Le modèle de construction-intégration de Kintsch.***

positionnelles (i.e., unités significatives minimales d'un énoncé), ou micro-structures. Au cours de la deuxième étape, les micro-structures sont intégrées dans une macro-structure ou réseau propositionnel. Cette intégration se fait grâce à l'activation en MDT de l'ensemble des micro-structures, à la création de différents liens entre les micro-structures et grâce à l'élimination des informations redondantes. Enfin, cette macro-structure donne lieu à une représentation textuelle générale (par le tri et la sélection des informations pertinentes) transférée en mémoire épisodique textuelle.

Les nombreuses données empiriques sur la compréhension de textes s'accordent avec les prédictions dérivées du modèle de construction-intégration. Ainsi, par exemple, Kintsch et ses collaborateurs ont observé que, comme le prédit le modèle, à court terme, la rétention d'informations de surface est aussi bonne que celle des informations propositionnelles. En revanche, à long terme, les informations de surface sont effacées de la mémoire de travail tandis que les informations propositionnelles, transférées en mémoire épisodique textuelle, sont plus facilement récupérées (et leur rappel bien meilleur).

## 4.2 Production du langage

### 4.2.1 Un modèle de la production orale : le modèle de Bock & Levelt (1994)

Ce modèle postule que, pour produire du langage oral, nous mettons en œuvre quatre étapes de traitement (voir Figure 4). Au cours de la première étape, le locuteur élabore le contenu du message qu'il veut produire, ou le sens de ce qu'il veut dire. Au cours de la seconde étape, le locuteur met en œuvre une série de traitements fonctionnels par lesquels il sélectionne les mots qu'il veut employer ainsi que leur rôle grammatical (i.e., pour parler de l'amour que Jean a pour Marie ou de celui que Marie a pour Jean, il sélectionne d'abord le fait qu'il veut parler d'amour entre deux personnes, puis sélectionne les mots *Jean*, *Marie*, *aime*, enfin décide qui, de Jean ou Marie, est le sujet et l'objet). Dans la troisième étape, il ordonne les mots sélectionnés en fonction de leur rôle grammatical (i.e., le sujet est en premier et avant le verbe), afin de former une phrase. C'est aussi à cette étape qu'a lieu l'inflexion (ou la conjugaison) de verbe. Enfin, au cours de la dernière étape, traitement phonologique, les sons

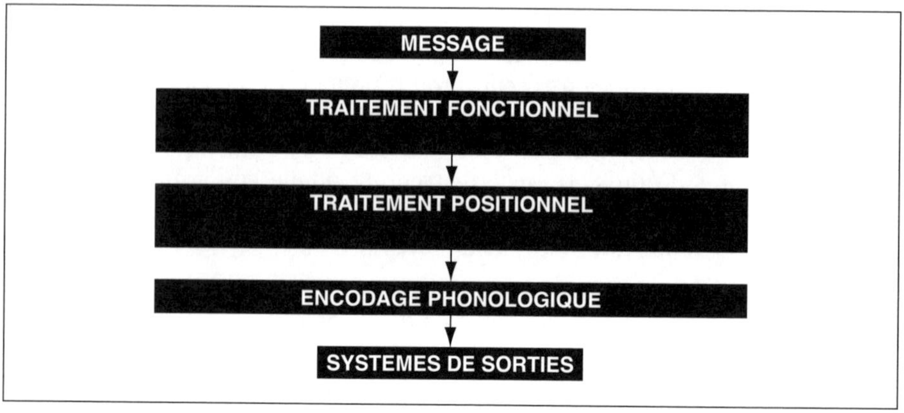


**Figure 4**
***Modèle de Bock et Levelt (1994).***

sont sélectionnés, ainsi que les autres paramètres de la production orale (e.g., prosodie ou intonation). Les validations expérimentales du modèle sont nombreuses, et les effets rapportés au niveau du phénomène du mot sur le bout de la langue ou du type d'erreurs de substitution s'accordent avec les postulats du modèle. Plus généralement, l'une des prédictions importantes, selon laquelle différentes variables devraient affecter le traitement des lemmes (ou sens et statut grammatical des mots) et des lexèmes (les sons des mots), s'est avérée de nombreuses fois validée dans les recherches empiriques.

### 4.2.2 Un modèle de la production écrite : le modèle de Hayes et Flower (1980)

Ce modèle postule que, pour produire du langage écrit, nous mettons en œuvre une suite de traitements qui peuvent être regroupés en trois grandes étapes (voir Figure 5). La première étape, dite de planification, sert à planifier ce que nous voulons écrire. C'est à cette étape que nous rassemblons nos idées, les hiérarchisons et organisons l'ordre dans lequel nous allons les présenter. Cette première étape tient compte du destinataire (i.e., écrire pour des étudiants n'est pas la même chose qu'écrire pour des scientifiques ou un public tout venant). Au cours de la seconde étape, dite de mise en texte, nous mettons à l'écrit les idées sélectionnées et organisées à l'étape précédente. C'est là où nous choisissons les mots et les phrases. Enfin, au cours de la troisième étape, nous procédons à des révisions. Nous ne nous satisfaisons pas de la première mise en texte. Nous cherchons à améliorer le texte écrit. Nous évaluons également, au cours de cette étape, si notre ou nos buts d'écriture ont été atteints dans le sens où nous cherchons à répondre aux questions suivantes : ai-je été exhaustif ? convaincant ? clair et précis ?

## 5. CONCLUSION

En conclusion, les travaux en production et en compréhension du langage ont mis en évidence un certain nombre de phénomènes empiriques que la plupart des modèles ont cherché à expliquer en termes de mécanismes (ou processus ou étapes de traitement ou opérations mentales). La connaissance des phénomènes et des mécanismes n'est pas aussi avancée dans chacun des sous-domaines de la psychologie du langage. C'est-à-dire que les recherches à venir vont permettre une meilleure précision des phénomènes déjà observés (i.e., leurs conditions d'occurrence), la mise en évidence de nouveaux phénomènes (révélant certaines contraintes inconnues jusque là) et une meilleure compréhension des mécanismes (grâce à des modèles de plus en plus précis).

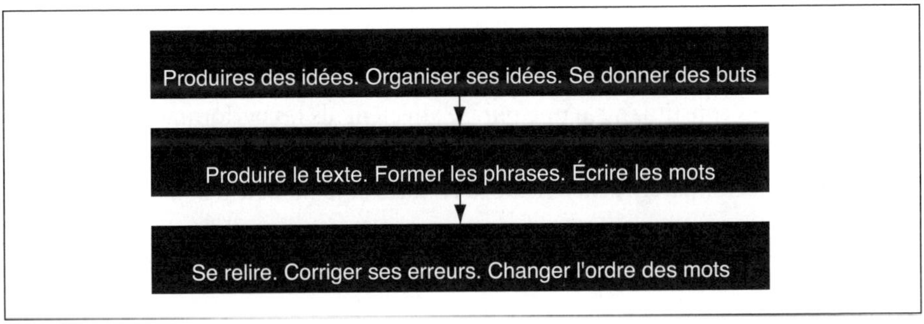


**FIGURE 5**
***Modèle de Hayes et Flower (1980).***

## NOTIONS

- méthodes off-line/on-line
- tâche de déomination
- tâche de reconnaissance des mots
- effets de restauration phonémique
- effets de contexte
- effets d'amorçage
- effet de fréquence des mots
- effets de voisinage orthographique
- effets des constituants
- effets de garden path
- lapsus
- erreurs de substitution
- modèle de Pisoni
- modèle de la cohorte
- modèle d'activation interactive
- modèle de construction-intégration
- modèle de production orale de Bock & Levelt (1994)
- modèle de Hayes & Flower (1980)

## QUESTIONS DE MEMORISATION

1. Qu'appelle-t-on méthodes off-line et méthodes on-line en psychologie du langage ?
2. A quoi servent la tâche de reconnaissance des mots et la tâche de dénomination ?
3. Qu'est-ce que l'effet de restauration phonémique ?
4. Qu'est-ce que l'effet de contexte dans la reconnaissance des sons ?
5. Définir les effets d'amorçage, de fréquence des mots et de voisinage orthographique.
6. En quoi les constituants d'une phrase affectent-ils les performances ?
7. Qu'est-ce que l'effet garden path ?
8. Décrire et comparer le modèle de la cohorte et le modèle d'activation interactive.
9. Rappeler les postulats et l'architecture du modèle de construction-intégration.
10. Décrire les modèles de production du langage proposés par Bock & Levelt (1980) et de Hayes & Flower (1980).

## QUESTIONS DE RÉFLEXION

1. Expliquer les effets de fréquence et de voisinage orthographique dans le cadre du modèle de la cohorte. Comparer cette explication avec celle fournie par le modèle d'activation interactive ?
2. Comment testeriez-vous l'hypothèse selon laquelle les capacités de la mémoire de travail influencent les performances dans des tâches de compréhension de phrases ?
3. Supposez que vous soyez psychologues cliniciens. On vous adresse un enfant qui a des troubles de la lecture. Comment allez-vous évaluer ces troubles et tenter d'aider l'enfant à y remédier ?

# Bibliographie[1]


Anderson, J. R. (1974). Retrieval of propositional information from long-term memory. *Cognitive Psychology, 6*(4), 451-474.

Anderson, J.R., Bothell, D., Byrne, M.D., Douglass, S., Lebiere, C., & Qin, Y. (2005). An integrated theory of the mind. *Psychological Review, 111(4)*, 1036-1060.

Anderson, J. R., & Lebiere, C. (1998). *The Atomic Components of Thought*. Hillsdale, NJ : Erlbaum.

Baddeley, A. D., & Hitch, G. J. (1974). Working memory. In G. H. Bower (Ed.), *The pschology of learning and motivation* (Vol. 8). London : Academic Press.

Baddeley, A. (1992). Working memory. *Science, 255*(5044), 556-559.

Boucart, M. (1996). *Reconnaissance des formes*. Grenobles : Presses Universitaires de Grenoble.

Bonin, P. (2003). *Production Verbale de Mots. Approche cognitive*. Bruxelles : DeBoeck Université.

Bower, G. H., Black, J. B., & Turner, T. J. (1979). Scripts in memory for text. *Cognitive Psychology, 11*(2), 177-220.

Camus, J.F. (1996). *La psychologie de l'attention*. Paris : Armand Colin.

Cordier, F. (1993). *Les représentations cognitives privilégiées, typicalité et niveau de base*. Lille : Presses Universitaires de Lille.

Craik, F. I., & Lockhart, R. S. (1972). Levels of processing : A framework for memory research. *Journal of Verbal Learning and Verbal Behavior, 11*(6), 671-684.

Delacour, J. (1998). *Une introduction aux neurosciences cognitives*. Bruxelles : De Boeck Université.

Deutsch, J. A., & Deutsch, D. (1963). Attention : Some theoretical considerations. *Psychological Review, 70*(1), 51-61.

Dupuis, J.P. (1994). *Aux origines des sciences cognitives*, Paris : Editions La Découverte.

Fayol, M. (1997). *Des idées au texte*. Paris : Presses Universitaires de France.

Ferrand, L. (2001). *Cognition et Lecture. Processus de base de la reconnaissance des mots écrits chez l'adulte.* Bruxelles : DeBoeck Université


---

1. L'étudiant trouvera un bibliographie exhaustive dans le manuel LEMAIRE, P. (2006). *Psychologie cognitive*. 2e éd., Bruxelles : De Boeck Université.

Fortin, C., & Rousseau, R. (1989). *Psychologie cognitive : une approche de traitement de l'information*. Montréal : Presses Universitaires du Québec.

Gaonac'h D., & Larigauderie, P. (2000). *Mémoire et fonctionnement cognitif*. Paris : Armand Colin.

George, C. (1997). *Polymorphisme du raisonnement humain*. Paris : Presses Universitaire de France.

Godden, D. R., & Baddeley, A. D. (1975). Context-dependent memory in two natural environments : On land and underwater. *British Journal of Psychology, 66*(3), 325-331.

Hellyer, S. (1962). Frequency of stimulus presentation and short-term decrement. *Journal of Experiment Psychology, 64*, 650.

Hyde, T. S., & Jenkins, J. J. (1973). Recall for words as a function of semantic, graphic, and syntactic orienting tasks. *Journal of Verbal Learning and Verbal Behavior, 12*(5), 471-480.

Jacoby, L. L., & Dallas, M. (1981). On the relationship between autobiographical memory and perceptual learning. *Journal of Experimental Psychology : General, 110*(3), 306-340.

Kolinsky, R., Morais, J., & Segui, J. (1991). *La reconnaissance des mots dans les différentes modalités sensorielles.* Paris : Presses Universitaires de France.

Lemaire, P. (1999). *Psychologie Cognitive*. Bruxelles : De Boeck.

Lewis, M. Q., & Bartz, W. H. (1970). Learning and the memory stores. *Journal of Experimental Psychology, 86*(3), 465-466.

Lieury, A. (1992). *La mémoire. Résultats et theories*. Liège : Mardaga.

Loftus, E. F., & Palmer, J. C. (1974). Reconstruction of automobile destruction : An example of the interaction between language and memory. *Journal of Verbal Learning and Verbal Behavior, 13*(5), 585-589.

Nicolas, S., & Ferrand, L. (2003). *La psychologie moderne.* Bruxelles : De Boeck Université

Richard, J.F. (1995). *Les activités mentales : Comprendre, raisonner, trouver des solutions*. Paris : Armand Colin.

Segui, J., & Ferrand, L. (2000). *Leçons de parole.* Paris : Odile Jacob

Shepard, R. N., & Metzler, J. (1971). Mental rotation of three-dimensional objects. *Science, 171*(3972), 701-703.

Spelke, E., Hirst, W., & Neisser, U. (1976). Skills of divided attention. *Cognition, 4*(3), 215-230.

Tiberghein, G. (1997). *La mémoire oubilée*. Liège : Mardaga.

Treisman, A. M. (1960). Contextual cues in selective listening. *Quarterly Journal of Experimental Psychology, 12*(242), 242-248.

Weil-Barais, A. (1993). *L'homme cognitif*. Paris : Presses Universitaires de France.

Wickelgren, W. A. (1965). Acoustic similarity and retroactive interference in short-term memory. *Journal of Verbal Learning and Verbal Behavior, 4*(1), 53-61.

# Webographie

*Sur la psychologie cognitive en général :*

- http://fr.wikipedia.org/wiki/Psychologie_cognitive
- http://act-r.psy.cmu.edu/
- http://plato.stanford.edu/entries/cognitive-science
- http://psych.athabascau.ca/html/aupr/cognitive.shtml
- http://www.psych.unizh.ch/genpsy/Ulf/Lab/WebExpPsychLab.html

*Sur la perception / attention :*

- http://viscog.beckman.uiuc.edu/djs_lab/demos.html
- http://www.visionscience.com/
- http://www.happyneuron.com
- http://viscog.beckman.uiuc.edu/djs_lab/demos.html
- http://allbutt.net/gallery/illusions.html

*Sur la mémoire :*

- http://www.happyneuron.com
- http://plato.stanford.edu/entires/memory
- http://www.exploratorium.edu/memory/index.html
- http://www.lecerveau.mcgill.ca/falsh/index_d.html
- http://psych.hanover.edu/research/exponnet.html#cognition

*Sur la résolution de problème et le raisonnement :*

- http://psych.fullteron.edu/mbirnbaum/web
- http://mhnet.org/psyhelp/chap13/chap23o.htm
- http://www.une.edu.au/psychology/staff/malouff/problem.htm
- http://www.mindtools.com
- http://www.tcd.ie/Psychology/Ruth_Byrne/mental_models/

*Sur la production du langage :*

- http://www.alario.free.fr/production_de_parole.htm
- http://www.happyneuron.com
- http://www.lecerveau.mcgill.ca/falsh/index_d.html
- http://www.psyc.memphis.edu/POL/POL.htm
- http://www.language-expreiments.org/

# Glossaire

**Accès au lexique :** Activité permettant l'activation et la récupération du sens associé aux représentations d'un mot en mémoire.

**Activation diffusante :** Processus à la base de la récupération de l'information en MLT. Chaque concept serait activé et entraînerait l'activation des concepts qui lui sont associés. L'activation se diffuserait d'un concept à l'autre.

**Algorithme :** C'est une règle ou une séquence d'actions appliquée lors de la résolution de problèmes et qui aboutit à la réponse correcte si mise en œuvre correctement et systématiquement

**Analyse moyen fin :** C'est une stratégie utilisée en résolution de problèmes et qui consiste à comparer l'état présent du problème et son état visé et, ensuite, à sélectionner un opérateur qui permettra de réduire cette différence.

**Aphasie :** Terme général qui définit différents types de troubles du langage.

**Apprentissage intentionnel :** Tâche utilisée pour tester la mémorisation d'information à long terme. Dans une tâche d'apprentissage intentionnel, les sujets savent avant la tâche qu'ils vont devoir restituer le matériel à mémoriser ultérieurement.

**Apprentissage incident :** Tâche utilisée pour tester la mémorisation d'information à long terme. Dans une tâche d'apprentissage incident, les sujets ne savent pas avant la tâche qu'ils vont devoir restituer le matériel qui leur est présenté. Ce n'est qu'au moment du rappel qu'ils découvrent que le matériel présenté est à rappelé.

**Attention partagée :** Situation où, lorsque pour accomplir une certaine activité, nous devons allouer des ressources cognitives (attentionnelles) à plusieurs sources d'informations. Nous devons alors distribuer de manière appropriée nos ressources attentionnelles disponibles aux différentes sources d'informations.

**Attention sélective :** Capacité à ignorer les stimulus non pertinents, à ne pas se laisser distraire par des aspects de l'environnement inutiles pour la tâche et à se concentrer sur les aspects critiques.

**Automatique (processus) :** Un processus cognitif est automatique s'il est exécuté rapidement, n'interfère avec aucun autre processus, se déroule inconsciemment et jusqu'au bout une fois déclenché.

**Biais de confirmation :** Tendance qu'ont les sujets à vérifier leurs hypothèses. De manière générale, ce biais s'observe lorsque nous cherchons à confirmer nos impressions dans les éléments de la réalité.

**Boucle phonologique :** Composant de la MDT qui serait responsable de la mise en œuvre des processus articulatoires (impliqués dans la compréhension et la production du langage) et de l'auto-répétition mentale (permettant de maintenir l'information en MDT ou de la transférer en MDT)

**Brown-Peterson (Tâche de) :** Tâche utilisée pour tester la MDT. Elle consiste à présenter une série d'items (e.g., chiffres, lettres, mots) aux sujets et à leur demander de les restituer.

**Calepin visuo-spatial :** L'un des composants de la MDT selon le modèle de Baddeley qui a pour fonction de stocker, répéter et de transformer des informations visuellement, présentées.

**Capacité cognitive :** Fait référence au nombre de processus cognitifs ou à la quantité de ressources mentales impliqués dans une tâche.

**Connaissance déclarative :** Fait référence à des faits, à des informations qu'il est possible de décrire verbalement et dont l'organisation est flexible et contrôlable par le sujet.

**Contrôlé (processus) :** Un processus cognitif est contrôlé s'il est exécuté lentement, interfère avec un autre processus, se déroule consciemment ou peut être interrompu après déclenchement

**Décision sous certitude :** Ce sont des décisions dont nous connaissons les conséquences. Par ailleurs, ces conséquences ont une probabilité d'occurrence égale à 1. Par exemple, si nous sortons sans parapluie et qu'il pleut, nous sommes certains d'être mouillés.

**Décision sous incertitude :** Ce sont des décisions dont nous connaissons les conséquences. Par ailleurs, ces conséquences ont une probabilité d'occurrence que nous ignorons. Par exemple, dans la situation où nous travaillons beaucoup pour réussir un examen, il n'est pas certain que nous réussions. Néanmoins, plus nous travaillons, plus la probabilité pour que nous réussissions est grande

**Double codage (théorie du) :** Théorie proposée par Paivio avançant, que l'information qui peut être codée verbalement et visuellement est plus facile à traiter et à mémoriser.

**Effet de fan :** Fait référence au rappel meilleur pour des items associés à peu d'items en mémoire. La théorie ACT explique ce phénomène par le fait que la quantité d'activation se partage entre les items inter-reliés en mémoire : plus il y a de liens, moins chaque nœud mémoire obtient d'activation.

**Effet de fixité fonctionnelle :** Phénomène observé en résolution de problèmes qui consiste de la part des sujets à avoir des difficultés à considérer une autre fonction aux objets que celles que ces objets ont habituellement.

**Effet de framing :** Effet observé dans des tâches de jugement. Il consiste à observer que, selon la manière dont un choix est formulé, les sujets changent leur choix.

**Phénomène du garden path :** Phénomène observé lorsque les sujets traitent des phrases syntaxiquement ambiguës (e.g., « Bien qu'il parle doucement, l'orateur d'hier pouvait entendre le petit garçon »). Jusqu'à « entendre », celui qui parle doucement peut être soit l'orateur, soit le petit garçon. Le phénomène de garden path désigne la sélection de l'interprétation adéquate.

**Effet de génération/production :** Effet observé dans la littérature sur la mémoire et qui consiste à observer un meilleur rappel et une meilleure reconnaissance avec certains items. Les sujets ont produit, eux mêmes la liste de ces items à apprendre par opposition aux items imposés par l'expérimentateur.

**Effet d'information erronée :** Effet rapporté dans la littérature sur les témoignages visuels et qui consiste à observer que les sujets peuvent se rappeler des informations qu'ils n'ont jamais stockées à propos d'un événement si une information erronée a été ajoutée à l'événement.

**Effet de primauté :** Effet observé dans une tâche de Brown Petcrson utilisée pour tester la MDT. II s'observe lorsque les sujets rappellent mieux les items du début d'une liste d'items.

**Effet de la question inductrice :** Effet rapporté dans la littérature sur les témoignages visuels et qui consiste à observer que la mémoire des sujets sur certains événements change en fonction de la manière dont ils sont sondés.

**Effet de renversement des préférences :** Effet observé dans des tâches de prises de décision et de jugement. Il s'observe lorsque les sujets préfèrent un choix A à un choix B dans une condition, mais préfèrent le choix B au choix A dans une autre condition. Les conditions peuvent être, par exemple, différentes manières de présenter les choix.

**Effet de récence :** Effet observé dans une tâche de Brown-Peterson utilisée pour tester la MDT. Il s'observe lorsque les sujets rappellent mieux les items de la fin d'une liste d'items.

**Écoute dichotique :** Situation expérimentale dans laquelle les sujets écoutent un message différent dans chaque oreille et doivent répéter (shadowing) le message venant dans une seule oreille. Cette tâche permet d'étudier le caractère sélectif de l'attention.

**Effet d'Einstellung :** Effet observé en résolution de problèmes. Pour résoudre un problème, les sujets utilisent la même stratégie que celle utilisée à une série de problèmes précédents, même si la stratégie n'est pas la plus adaptée pour résoudre ce problème particulier.

**Effet de fan :** L'effet de fan est observé dans une tâche d'apprentissage de listes d'items. Il consiste à obtenir des performances moins bonnes lorsque le matériel à rappeler est associé à plus d'informations.

**Effet de position sérielle :** Fait référence aux meilleures performances sur les items du début et de la fin d'une liste que les sujets ont eu à apprendre dans une épreuve de mémoire.

**Effet de restauration phonémique :** L'effet s'observe lorsqu'une partie d'un mot a été retirée et que le sujet perçoit, exactement comme si aucune partie n'avait été retirée.

**Électroencéphalographie (EEG) :** Technique d'étude de l'activité électrique du cerveau. Le signal électrique recueilli à l'aide de l'EEG permet de localiser en temps réel les processus cognitifs impliqués dans une tâche.

**Encodage :** Transformation d'un stimulus dans un format qui permette au système cognitif de le traiter et de le retenir

**Espace problème :** Concept issu de la théorie GPS de la résolution de problèmes élaborée par Newell et Simon et qui renvoie à la représentation du problème (i.e., états, opérateurs disponibles) par le sujet.

**Erreur de conjonction :** Erreur observée dans des tâches de jugement de probabilité. Elle caractérise le fait que les sujets ne peuvent envisager que la probabilité des événements A et B est plus petite que la probabilité de l'événement A ou la probabilité de l'événement B.

**Erreur de représentativité :** Erreur observée dans des tâches de jugement de probabilité. La probabilité d'un événement est jugée d'après la manière dont l'événement apparaît représentatif de la classe des événements auxquels il appartient. Par exemple, la séquence des naissances Garçon-Garçon-Garçon est jugée plus improbable que la séquence Fille-Garçon-Fille.

**Flashbulb memories :** Concerne des souvenirs personnels associés à des événements publics, comme la mort de la princesse Diana ou l'arrivée du premier astronaute sur la lune.

**Gestalt :** Terme allemand pour désigner une forme. La psychologie Gestaltiste (ou psychologie de la forme) était un mouvement européen mettant l'accent sur l'activité du sujet dans l'encodage des stimulus.

**GPS :** Abréviation pour General Problem Solver. Programme informatique élaboré par Newell et Simon destiné à rendre compte de la résolution de problèmes grâce à l'utilisation de diverses stratégies.

**Heuristique :** Sorte de règle non systématique utilisée pour résoudre un problème ou prendre une décision. Contrairement à l'algorithme, l'heuristique ne conduit pas nécessairement à la réponse correcte.

**Heuristique de représentativité :** Heuristique mise en œuvre dans des tâches de. jugement. Elle consiste à catégoriser une personne, un objet ou un événement dans une catégorie si les traits de l'élément à catégoriser nous apparaissent représentatifs de la catégorie.

**Heuristique de disponibilité :** Heuristique mise en œuvre dans des lâches de jugement, de probabilité. Elle consiste à estimer la probabilité d'un événement en fonction de la facilité à penser à cet événement

**Heuristique d'ajustement :** Heuristique mise en œuvre dans des tâches de jugement. Elle consiste à faire une première estimation, puis à réajuster en fonction de la plausibilité de l'estimation et des éléments restant à estimer.

**Heuristique de simulation :** Heuristique mise en œuvre dans des tâches de jugement. Elle consiste à juger des caractéristiques ou des conséquences d'un événement en s'imaginant que l'événement se déroule au moment de l'estimation.

**Incubation :** L'incubation est l'un des processus, selon la psychologie gestaltiste, qui est mis en œuvre dans la résolution de problèmes. II s'agit du travail inconscient qui a lieu après que le sujet a tenté de résoudre en vain un problème.

**Insight :** Étape de résolution de problèmes qui surviendrait après une phase d'incubation et pendant laquelle, selon les Gestaltistes, la solution apparaît soudainement.

**Inférence inductive :** Activités cognitives consistant à rechercher des règles générales à partir d'éléments communs à des cas particuliers.

**Mémoire déclarative :** Selon le modèle ACT d'Anderson, la mémoire déclarative est cette partie de notre MLT où seraient stockées les informations relatives à la fois aux connaissances générales encyclopédiques et aux souvenus personnels.

**Mémoire épisodique :** Partie de la mémoire où sont stockées nos souvenirs personnels et autobiographiques. Cette partie de la mémoire est sensible au contexte.

**Mémoire explicite :** La mémoire explicite est cette partie de notre mémoire qui est sollicitée lorsque nous cherchons intentionnellement et consciemment à récupérer des informations en MLT que nous y avons préalablement stockées.

**Mémoire implicite :** La mémoire implicite est cette partie de notre mémoire qui est sollicitée lorsque nous utilisons des informations que nous avons préalablement stockées sans nous rendre compte que nous réutilisons ces informations.

**Mémoire procédurale :** Selon le modèle ACT d'Anderson, la mémoire procédurale stockerait en MLT nos connaissances procédurales, c'est à-dire nos connaissances relative à la manière de faire quelque chose.

**Mémoire de travail :** Partie du système cognitif où sont stockées et traitées des informations pendant une courte durée.

**Mémoire sémantique :** Partie de la mémoire où sont stockées nos connaissances générales et encyclopédiques sur le monde et le langage.

**Méthode des protocoles verbaux :** Méthode d'étude de la résolution de problèmes dans laquelle les sujets doivent verbaliser tout ce ce à quoi ils pensent pendant qu'ils résolvent un problème.

**Modèles mentaux :** Il s'agit d'éléments ou des individus particuliers aux groupes décrits dans les prémisses d'un énoncé et des relations entre ces éléments. La théorie des modèles mentaux est une théorie du raisonnement mise au point par Johnson-Laird et ses collaborateurs.

**Niveaux de traitement :** Un traitement cognitif peut être caractérisé par son niveau, c'est à-dire par la quantité de connaissances qu'il fait entrer en jeu. Par exemple, repérer des lettres dans un mot est un traitement superficiel (i.e., ne fait appel qu'à très peu de connaissances), tandis que trouver des synonymes d'un mot est un traitement plus profond (i.e., fait appel à des connaissances, comme la signification).

**Nœuds sémantiques :** Eléments de base d'un réseau en mémoire sémantique. D'après la théorie de Collins et Quillian de l'organisation des informations en mémoire sémantique, chaque concept serait représenté en MLT par un nœud sémantique.

**Nombre magique :** Nombre 7 correspondant à la capacité de la MDT. La MDT peut en effet enregistrer 7 (+/- 2) éléments.

**Opérateur :** Terme utilisé en résolution de problèmes pour désigner l'opération effectuée par le sujet pour réduire la différence entre le but visé et l'état du problème.

**Organisation hiérarchique (principe d') :** Principe selon lequel les concepts seraient organisés en MLT. Ces concepts seraient organisés par niveau de généralité, avec un concept de niveau général (e.g., oiseau) stocké à un niveau au dessus d'un concept plus spécifique (e.g., merle).

**Orientation (Tâche d') :** Tâche utilisé en mémoire pour tester l'effet de différentes activités cognitives sur la mémorisation à long terme. Dans une tâche d'orientation, les sujets doivent par exemple repérer des lettres, des sons ou encore traiter le matériel sémantiquement.

**Paradigme de la tâche ajoutée :** Paradigme utilisé pour étudier la mise en oeuvre de ressources cognitives dans différentes tâches cognitives ou pour tester l'implication spécifique d'un composant de la MDT dans une tâche cognitive quelconque. Selon ce paradigme, les sujets accomplissent deux lâches en parallèle, une tâche principale et une tâche secondaire.

**Potentiels évoqués :** Signal électrique recueilli au cours d'une tâche cognitive par électroencéphalographie (EEG) et permettant de localiser les zones cérébrales où se déroulent les processus cognitifs.

**Pragmatique :** Sous discipline de la linguistique qui étudie les langues telles qu'elles sont utilisées dans une situation sociale.

**Prémisse majeure :** Première phrase d'un énoncé conditionnel ou d'un syllogisme définissant la condition nécessaire.

**Prémisse mineure :** Seconde phrase d'un énoncé conditionnel ou d'un syllogisme définissant la condition suffisante

**Probabilité :** Nombre allant de 0 à 1 et caractérisant les chances (sur 100) qu'un événement a de survenir. Zéro signifie que l'événement n'arrive jamais, 1 qu'il arrive toujours et .50 qu'il arrive 50 fois sur 100.

**Problème :** Situation dans laquelle une personne cherche à atteindre un but et doit trouver les moyens pour y parvenir.

**Problème bien défini :** C'est un problème dans lequel la situation de départ et le but à atteindre sont clairement énoncés.

**Problème de configuration :** Problème dans lequel le sujet doit arranger certains éléments selon un critère préalablement établi. Un anagramme qui suppose que le sujet doit réarranger des lettres pour former un mot est un exemple de problème de configuration

**Problème d'induction de structure :** Problème qui, pour être résolu, suppose que les sujets doivent induire une structure, un point commun entre différentes sources d'information. Les problèmes d'analogie sont des exemples de problèmes d'induction de structure

**Problème de transformation :** Problème qui nécessite de trouver une suite d'opérations qui transforment l'état initial en état final pour parvenir à une solution. La tour de Hanoï qui suppose de faire passer des disques d'une tige à une autre est un exemple de problème de transformation.

**Problème des 20 questions :** Problème utilisé pour étudier les processus d'inférence inductive. Les sujets doivent trouver un item auquel pense l'expérimentateur en posant des questions. L'expérimentateur ne peut répondre que par oui/non à ces questions. Les items à trouver sont variables. Par exemple, le sujet apprend que l'expérimentateur pense à une maison dont le prix est compris entre 200 et 400 000 Euros. Le sujet doit trouver le prix de la maison.

**Problème mal défini :** Problème dans lequel l'état initial et l'état final du problème sont partiellement (ou pas) spécifiés.

**Prototype :** Un prototype (ou représentation prototypique) est l'instance centrale d'une catégorie. Cette instance centrale peut être une instance abstraite telle que celle obtenue en faisant la moyenne de toutes les instances ou une instance particulière.

**Psycholinguistique :** Étude du langage par les psychologues dans le but d'isoler les processus de traitement du langage et non dans une perspective linguistique.

**Raisonnement conditionnel :** Forme de raisonnement portant sur des énoncés conditionnels de la forme « si-alors ».

**Raisonnement déductif :** Partie du raisonnement qui consiste à tirer des conclusions vraies et valides à partir d'informations vraies.

**Raisonnement inductif :** Partie du raisonnement qui consiste à tirer une règle générale à partir d'exemples particuliers.

**Rappel libre (Tâche de) :** Tâche de MDT dans laquelle les sujets ont une liste d'items (e.g., mots, chiffres, lettres) à apprendre et à rappeler dans l'ordre qu'ils souhaitent et pas nécessairement dans l'ordre où il leur a été présenté.

**Rappel sériel (Tâche de) :** Tâche de MDT dans laquelle les sujets ont une liste d'items (e.g., mots, chiffres, lettres) à apprendre et à rappeler dans l'ordre où les items ont été présentés.

**Recherche sérielle exhaustive :** Examen systématique et consécutive de chaque élément stocké en MDT.

**Récupération :** L'un des processus fondamentaux de la mémoire correspondant au recouvrement de l'information stockée en MLT. L'un des processus à la base de la récupération est l'activation diffusante.

**Règle condition action :** Unité de base dans un système de production modélisant le fonctionnement cognitif. Une règle condition-action comporte deux parties, une partie condition (précisant les circonstances dans lesquelles la règle s'applique) et une partie action (dressant la liste des actions à accomplir lorsque sont remplies les conditions)

**Répétition d'élaboration :** Activité cognitive qui consiste à se répéter un même matériel plusieur fois de suite. Cette forme de répétition fait usage de la signification du matériel à stocker En se répétant le matériel, les sujets mettent en relation ce matériel avec du matériel préalablement stocké

**Répétition de maintien :** Voir répétition mentale.

**Répétition mentale :** Activité cognitive qui consiste à se dire à soi-même plusieurs fois de suite et de manière littérale le même matériel afin d'en augmenter la mémorisation.

**Rotation mentale :** Activité mentale par laquelle une image est créée en MDT et transformée ou « tournée dans sa tête ». En démontrant les phénomènes de rotation mentale, des chercheurs comme Shepard et Kosslyn ont aussi montré que l'information pouvait être représentée mentalement de manière visuelle et non uniquement de manière verbale

**Schéma :** Un schéma (ou représentation schématique) est une représentation à grande échelle des connaissances stockées en mémoire relatives à des objets, des concepts ou des événements.

**Shadowing :** Epreuve dans laquelle les sujets doivent répéter un message aussitôt après l'avoir entendu tout en continuant d'écouter le message suivant.

**Simulation informatique :** Création d'un programme informatique qui fait faire à l'ordinateur des activités de la même manière qu'un être humain.

**SOA (Stimulus Onset Asynchrony) :** Fait référence au décalage entre la présentation de la première partie d'un stimulus et la présentation de la seconde partie (e.g., deux mots peuvent être présentés simultanément ou l'un après l'autre séparé par une brève durée ou SOA).

**Stratégie :** Procédures ou suite de procédures permettant d'atteindre un but. Les stratégies comprennent toutes les méthodes utilisées par les sujets pour accomplir une tâche cognitive.

**Stratégie de regroupement (chunking) :** Stratégie utilisée pour stocker du matériel et contourner les limites de la MDT. Elle consiste à regrouper les items en groupes d'items : e.g., regrouper les 6 chiffres 436788 en deux nombres 436 et 788.

**Stroop (effet) :** Cet effet s'observe lorsque les sujets doivent indiquer le nom de la couleur de l'encre avec laquelle un mot a été écrit. Le temps de dénomination de la couleur est ralenti si le mot indique une couleur différente de la couleur de l'encre (e.g., mot vert écrit en rouge) et. accéléré si la couleur de l'encre et celle indiquée par le mot sont les mêmes (e.g., mot vert écrit au stylo vert).

**Syllogisme :** Un syllogisme est un groupe de deux prémisses (ou plus) desquelles découle une conclusion « Tous les hommes sont mortels. Or, Socrate est un homme. Donc, Socrate est mortel » est un exemple de syllogisme.

**Système central exécutif :** Composant de la MDT qui a pour fonction de contrôler l'allocation des ressources attentionnelles dans le système cognitif, de gérer la mise en œuvre et la coordination des deux systèmes esclaves (boucle phonologique et calepin visuo-spatial), de déclencher la boucle d'auto-repétition mentale, de transférer l'information en MLT et de prendre des décisions.

**Système de production :** Un système de production est un système artificiel modélisant la cognition humaine. Un tel système comprend des règles de production, ou paires de CONDITION/ ACTION.

**Tour de Hanoï :** L'un des problèmes princeps utilisés dans l'étude de la résolution de problème dans lequel des disques sont posés sur des tiges et. doivent être déplacés d'une tige à l'autre en respectant plusieurs contraintes.

**Vérification de phrase (tâche de) :** Tâche mise au point pour tester l'organisation des informations en mémoire sémantique. Dans cette tâche, les sujet voient une phrase reliant deux concepts (e.g., « un canari est un oiseau ») ; ils doivent dire si la phrase est vraie ou fausse. Le psychologue collecte les temps de réaction et les taux d'erreur.

**Validité écologique :** La validité écologique d'une recherche concerne la caractère généralisable d'une découverte en laboratoire à une situation hors laboratoire.

**Validité interne :** La validité interne d'une recherche concerne le fait qu'une expérience démontre bien ce qu'elle est censée démontrer. En particulier, il faut veiller à ce qu'il n'y ait pas d'explication alternative potentielle.

**Vigilance (la) :** Il s'agit du niveau d'éveil manifesté lors d'une tâche cognitive. Ce niveau permet de résister notamment à l'endormissement dû en particulier à la fatigue ou à la monotonie d'une tâche à accomplir et de ne pas se laisser distraire par des aspects d'une tâche non pertinents à l'accomplissement de cette lâche

# Index


## A

activation 43, 46, 47
activation automatique 22, 108
activations cérébrales 10
administrateur central 30, 34
aléatorisation 8, 9
algorithme 90
amorçage
  de répétition 101
  sémantique 101
amorçage négatif 22
anagramme
  résolution d'— 91
analyseur syntaxique 107
antécédente
  déni de l'— 53, 56
apprentissage 42
  incident 40
  intentionnel 40
approche
  Gestaltiste 84, 85
  traitement de l'information 84, 85
attention 22
  partagée 22
  sélective 22, 24, 25
  soutenue 22
attentionnel
  partage— 23
attentionnelle
  flexibilité— 22
  ressource— 23
atténuation 24, 25
automatique 23
auto-répétition mentale 32, 33

## B

biais
  de sous-estimation 76
  de sur-estimation 76
boucle
  articulatoire 32, 33
  phonologique 31, 32, 33, 34

## C

calepin visuo-spatial 31, 33
chunking
  stratégie de— 28
chunks 46
compréhension des textes 108
conséquente
  affirmation de la— 53, 56

## D

décision

à risque 70
prise de— 71, 78, 79
sous certitude 70
sous incertitude 70
dichotique
écoute— 23

## E

économie explicative 17
Effet
de rotation mentale 30
effet
d'amorçage 101
d'Einstellung 92
d'incubation 87
d'insight 87
d'interférence 28, 42
d'organisation hiérarchique 44
d'organisation schématique 44
de contexte 101
de familiarité avec le contenu 58
de fan 42
de fixité fonctionnelle 92
de fréquence 102
de garden path 103
de la profondeur de traitement de l'information 40, 41, 47
de la question inductrice 44
de la répétition mentale de maintien 40
de la représentation 88
de la structure du matériel 56
de la surcharge en MDT 33
de primauté 29, 33
de rappel sériel 29
de récence 29, 33
de renversement des préférences 75
de répétition de maintien 47
de restauration phonémique 101
de similarité acoustique 30
de structure des problèmes 89
de supériorité du mot 108
de voisinage orthographique 102
des catégories sémantiques 30
des constituants 102
des stratégies 59
du type de tâche 43
empan 27
encodage 38, 43, 47, 62
erreur
de conjonction 73
sur la taille des échantillons 73
estimation approximative 76

## F

fidélité 10
filtre sélectif 24
fonction exécutive 30
fréquence des mots 108

## H

heuristique 63, 76, 91
d'ajustement 76
de disponibilité 76
de simulation 76
hypothèse 6

## I

illumination 84

images mentales 8
incubation 84, 85
inférence 63, 64
inférer 52
information de surface 109
interférence
pro-active classique 28
inter-tâche
ressemblance— 23

## L

langage 98
compréhension du— 98, 99, 100, 101, 103, 105
production du— 98, 99, 100, 109
lapsus 104
lemme 110
lexème 110

## M

MDT.*voir* Mémoire de travail
mémoire
à court terme 25
à long terme 38, 40, 44, 46, 47
de travail 25, 30, 32, 33, 46, 47, 62, 64, 65, 84, 89, 99, 100, 102, 103, 104, 109
déclarative 39
épisodique 39, 46
explicite 39, 43, 46
immédiate 25
implicite 39, 43, 46
primaire 25
procédurale 39, 47
prospective 39
rétrospective 39
sémantique 39, 46
temporaire 25
mémoire de travail 16
mémorisation 41
mémoriser 40
méthode
additive 11, 12, 13
chronométrique 89
off-line 99
on-line 99
scientifique 6
soustractive 10, 11, 13
méthode expérimentale 7
mise en texte 110
MLT.*voir* Mémoire à long terme
modèle
computationnel 94
d'activation interactive 106
de Bock & Levelt 109
de Bock et Levelt 110
de construction-intégration 108, 109
de Hayes et Flower 110, 111
de la cohorte 106
GPS 94
modus
ponens 53, 56, 62
tollens 53, 56, 62
mouvements oculaires 10

## N

neuro-imagerie 14, 52

## O

observation
naturelle 7
opérateur 84, 93
organisation sémantique 44
oubli 28

## P

parole
perception de la— 100
phonémique
phénomène de restauration— 106
phonétique
traitement— 106
planification 110
pré-attentive
analyse— 25
probabiliste
jugement— 73, 75, 76, 79
probabilité 70, 73, 75, 79
jugement de— 70, 71, 79
problème 84, 87, 89, 92
bien défini 86
d'induction de structure 86
de configuration 86
de transformation 86
des deux cordes 92
des jarres 92
mal défini 86
résolution de— 12, 84, 93
résolution du— 89
processus 23
production
système de— 47
protocoles verbaux 10, 89
psycholinguiste 99
psycholinguistique 98
psychologie 6
psychologie cognitive 6
puissance explicative 17

## R

raisonnement
conditionnel 53, 56
déductif 52, 53, 54, 56, 59
inductif 52, 53, 54, 56, 57, 59
scientifique 59
syllogistique 53, 56
verbal 59
raisonner 52, 62, 64
rappel 39, 41, 43
reconnaissance 39, 43
reconnaissance des mots 106
récupération 38, 47
réfutation 64
registres sensoriels 25
regroupement
stratégie de— 28
représentation propositionnelle 62
représentations propositionnelles 108
ressource
attentionnelle 32
cognitive 32
mentale 32
ressources cognitives
allocation des— 30
ressources de traitement 16
ressources mentales 22

révision 111

## S

sciences cognitives 6, 14
sélection tardive 24, 25
sensibilité 10
shadowing 23
son
  perception du— 105
stockage 38, 39, 41, 46
  de l'information 38
stratégie 59, 60, 61, 63, 64, 76, 91, 93
  faible 91
  forte 92
Stroop 22
syllogisme 53
système central 30

## T

tâche
  analyse de la— 12
  d'apprentissage de liste d'items 26
  d'empan
    calculatoire 26
    de lecture 26
    fonctionnel 26
  d'estimation 71
  d'identification de sons 100
  de Brown et Peterson 26
  de Brown-Peterson 28, 30
  de catégorisation 53, 54, 58, 100
  de complètement de séries 54, 57
  de décision lexicale 100
  de dénomination 100
  de jugement 71
  de pari 71
  de production 54
  de test d'hypothèse 53, 58
  de vérification 54
  de vérification d'énoncé 44
  des 20 questions 55, 61
  des 4 cartes 58, 59
  difficulté de la— 23
  double 26
  double— 34
  du 2 – 4 – 6 60
  du 2-4-6 54
  du repas empoisonné 55
  du test d'hypothèses 54
  du tri de cartes de Wisconsin 54
taille des échantillons 76
temps
  de réaction 10
  de réponse 9
test des matrices de Raven 54
théorie 15, 61
  computationnelle 15, 16, 18
  de la logique mentale 61, 63, 65
  des jugements probabilistes 75
  des modèles mentaux 61, 63, 64, 65
  du jugement par heuristiques 76
  du prospect 79
  non computationnelle 18
  par élimination 78
  rationnelle de la prise de décision 78
théorie non computationnelle 15
TLM.*voir* Théorie
  de la logique mentale
TMM.*voir* Théorie
  des modèles mentaux

traitement phonologique 109

V

validité 10
  écologique 9, 15
  externe 9, 15
  interne 9
variable
  dépendante 8
  indépendante 8
variables
  confondues 9
vérification 84

W

Wisconsin 54
Wisconsin Sorting Card Task.*voir* Tâche
  du tri de cartes de Wisconsin
WSCT.*voir* Tâche
  du tri de cartes de Wisconsin

# Table des matières

## Chapitre 1
**La psychologie cognitive : son objet, ses méthodes et mesures, ses théories** ..... 5

1. Objet de la psychologie cognitive ..... 6
2. Méthodes en psychologie cognitive ..... 6
   - 2.1 *Approche scientifique* ..... 6
   - 2.2 *Méthodes d'observation en psychologie cognitive* ..... 7
3. Mesures en psychologie cognitive ..... 9
   - 3.1 *Les différentes mesures et propriétés générales d'une mesure* ..... 9
   - 3.2 *Exemple de mesure : le temps de réponse (ou de réaction)* ..... 10
4. Théories en psychologie cognitive ..... 13
   - 4.1 *Niveaux d'analyse de la cognition humaine* ..... 13
   - 4.2 *Théories en psychologie cognitive* ..... 14

## Chapitre 2
**L'attention et la mémoire de travail** ..... 21

1. L'attention ..... 22
   - 1.1 *Définitions* ..... 22
   - 1.2 *Phénomènes importants* ..... 22
   - 1.3 *Théories de l'attention sélective* ..... 24
2. La Mémoire de Travail ..... 25
   - 2.1 *Définition et tâches* ..... 25
   - 2.2 *Phénomènes importants* ..... 27
   - 2.3 *Théorie générale de la MDT* ..... 30

**Chapitre 3**
**La mémoire à long terme** ........ 37

1. Définitions, méthodes et distinctions ........ 38
   1.1 *Méthodes et tâches* ........ 38
   1.2 *Distinctions* ........ 39
2. Effets expérimentaux importants ........ 40
3. Théories générales de la mémoire ........ 45

**Chapitre 4**
**Le raisonnement** ........ 51

1. Définition, distinction et limite. ........ 52
2. Tâches utilisées ........ 53
3. Effets expérimentaux ........ 56
4. Théories générales du raisonnement ........ 61
   4.1 *Théorie de la logique mentale (TLM)* ........ 61
   4.2 *Théorie des modèles mentaux (TMM)* ........ 63

**Chapitre 5**
**Jugement de probabilités et prise de décision** ........ 69

1. Définitions et tâches ........ 70
   1.1 *Définitions et distinctions* ........ 70
   1.2 *Tâches utilisées* ........ 71
2. Effets expérimentaux importants ........ 71
   2.1 *Effets en jugement de probabilité* ........ 71
   2.2 *Erreurs en prise de décision* ........ 74
3. Théories des jugements probabilistes et de la prise de decision ........ 75
   3.1 *Théories des jugements probabilistes* ........ 75
   3.2 *Théorie de la prise de décision* ........ 77

**Chapitre 6**
**La résolution de problèmes** ... 83
1. Définition, approches et limites ... 84
2. Différents types de problèmes ... 85
3. Effets expérimentaux importants ... 87
4. Méthodes d'étude des stratégies de résolution de problèmes ... 89
5. Stratégies de résolution de problèmes ... 90
6. Les obstacles à la résolution de problèmes ... 92
7. Conclusions ... 93

**Chapitre 7**
**Compréhension et production du langage** ... 97
1. Définition du domaine ... 98
2. Méthodes et tâches utilisées ... 99
2.1 *Méthodes* ... 99
2.2 *Les tâches utilisées* ... 100
3. Effets expérimentaux importants ... 101
3.1 *Effets en compréhension du langage* ... 101
3.2 *Effets en production du langage* ... 103
4. Théories de la compréhension et de la production du langage ... 105
4.1 *Compréhension du langage* ... 105
4.2 *Production du langage* ... 109
5. Conclusion ... 111

**Bibliographie** ... 115

**Webographie** ... 117

**Glossaire** ... 119

**Index** ... 129